Birgit Dieker

DISTANZ

DERMA

Vorwort

Foreword

Andrea Jahn

Jutta Meyer zu Riemsloh

Mag es auch in der Bildhauerei schwieriger als in anderen Medien gewesen sein, sich aus dem Korsett klassischer Darstellungsformen zu befreien – spätestens seit Joseph Beuys verfügen wir über ein Kunstverständnis, das die Skulptur völlig neu definiert und sie in ihrer Materialität liberalisiert hat. So arbeitete man in den 1960er Jahren nicht mehr nur mit klassischen Werkstoffen wie Holz, Stein, Metall oder Beton; vielmehr tauchten in der Kunst Körper auf, die aus Latex, Gummi, Filz, Stoff oder Haaren gemacht waren. Diese als minderwertig und vergänglich geltenden Materialien verweisen auf den eigenen Körper und bringen eine tiefenpsychologische Komponente mit ins Spiel, die uns als Betrachter nicht nur auf visueller Ebene irritiert, sondern uns unmittelbar zu Leibe rückt.

Birgit Dieker arbeitet in dieser Tradition. Ihre Skulpturen zeugen von einer schonungslosen Auseinandersetzung mit dem menschlichen Körper, den sie in seine Einzelteile zerlegt, verfremdet oder metamorphisiert. Es sind fragmentierte Figuren oder Organe, die sie aus Materialien zusammenfügt, schichtet und schneidet, deren Körperbezogenheit eine entscheidende Rolle spielt: Miederwaren, abgelegte Kleidungsstücke, Haar und Leder. Schicht für Schicht verdichtet sie ihre Stoffe zu Figuren und Objekten, um dann in bewusst gesetzten Schnitten deren Innerstes nach außen zu befördern. So werden unter der ästhetischen, perfekten Oberfläche emotionale Verletzungen und psychische Abgründe sichtbar, denen wir uns nicht entziehen können.

In den Ausstellungen des Kunstvereins Friedrichshafen, der Stadtgalerie Saarbrücken und des Kunstvereins Münsterland werden Birgit Diekers Skulpturen erstmals in umfassenden Einzelpräsentationen gezeigt. Diese Kooperation erschließt die finanziellen und räumlichen Möglichkeiten dreier Institutionen, die in unterschiedlichen Bundesländern agieren, und setzt ein starkes Zeichen für die zeitgenössische Kunst in den einzelnen Regionen und über diese hinaus. Wir freuen uns, das komplexe Werk von Birgit Dieker in einer Konzentration zeigen zu können, die der formalen und inhaltlichen Dichte ihrer Arbeiten gerecht wird.

It may have been more difficult in sculpture than in other media to free oneself from the corset of classical forms of depiction—but by Joseph Beuys at the latest we acquired an understanding of art that has radically redefined sculpture and liberated it in its choice of materiality. Since the 1960s, artists have no longer just worked with the classical materials of wood, stone, metal, and concrete. With ever greater frequency, bodies began emerging in art that were made of latex, rubber, felt, fabric, and hair. These materials, deemed substandard and impermanent, often made reference to the artist's own body and injected a depth-psychological component into the art, which not only confused us as viewers on a visual level, but also gave the works a physical immediacy. Birgit Dieker works in this tradition. Her sculptures bear witness to her unsparing probing of the human body, which she dissects into its individual parts, alienates from itself and the viewer, and transforms. Her works represent fragmented figures or organs, compiled, layered and cut out of materials that importantly bear a strong relation to the body: shapewear or foundation garments, discarded clothing, hair, and leather. Layer for layer, Dieker condenses her materials to form figures and objects, whose inner components she then brings to the outside through a series of consciously placed incisions. Her interventions result in emotional wounds and psychological chasms becoming visible beneath the aesthetic, perfect surface and it is these otherwise hidden aspects that captivate us so completely.

In the exhibitions jointly organized by the Kunstverein Friedrichshafen, Stadtgalerie Saarbrücken and Kunstverein Münsterland, Birgit Dieker's sculptures are to go on display in a first extensive solo show of her work. This curatorial partnership makes use of the financial and spatial possibilities available at each of the institutions, active in separate federal states. The partnership thus sends a strong signal for contemporary art in each of the respective regions and beyond. It is our great pleasure to be able to present the complex oeuvre of Birgit Dieker in a distilled form that does justice to the formal and thematic density of her works.

Wir danken der Künstlerin für Ihr außergewöhnliches Engagement und ihre Bereitschaft, sich nicht nur der großen Herausforderung dieser Ausstellungsreihe zu stellen, sondern mit diesem Katalog überdies ein Projekt zu stemmen, das ohne ihren Einsatz nicht hätte realisiert werden können. Ferner danken wir dem Distanz Verlag und denen, die den Druck dieser Publikation erst möglich gemacht haben. Unser herzlicher Dank gilt des Weiteren allen Leihgebern, durch deren großzügige und tatkräftige Unterstützung Birgit Diekers Werk mit dieser Ausstellung erstmals in seiner ganzen Vielfalt präsentiert werden kann. Nicht zuletzt möchten wir mit den Teams der drei Institutionen den Menschen unseren besonderen Dank aussprechen, die sich für die Realisierung dieses Gemeinschaftsprojekts eingesetzt haben.

We wish to thank the artist for her exceptional commitment to the project and her willingness to take up the challenge, not merely of exhibiting at a series of venues, but also of creating this catalogue, which could not have been realized without her support. In addition, we are indebted to Distanz Publishing, which made the printing of this publication possible in the first place. A sincere word of thanks must also go to all lenders of works; thanks to their generous and determined support the full scope of Birgit Dieker's work can now be unveiled for the first time in this exhibition. And finally we also wish to thank the teams at the three institutions involved who deserve a special word of thanks for working so hard toward realizing this joint project.

4 Andrea Jahn, Jutta Meyer zu Riemsloh
Vorwort / Foreword

8 Andrea Jahn
Birgit Dieker – The Big Striptease

25 Tafeln / Plates

56 Clemens Meyer
Anita

68 Tafeln / Plates

108 Werkliste / List of Works
110 Biografie / Biography
112 Impressum / Colophon

Birgit Dieker

The Big Striptease

Andrea Jahn

Ich bin Ihr Werk,

Ihr Wertgegenstand,

Das Baby aus reinem Gold,

Das schmilzt zu einem Schrei.

Ich dreh mich dabei und brenne.

Glauben Sie nicht, ich verkenne,

worauf Sie aus sind.

Asche, Asche –

Sie schüren und stochern.

Nichts da, weder Fleisch noch Knochen –

(...)

Aus dieser Asche steig ich

Auf mit rotem Haar

Und esse Männer ganz und gar.

Sylvia Plath [1]

I am your opus
I am your valuable,
The pure gold baby
That melts to a shriek.
I turn and burn.
Do not think
I underestimate your great concern.
Ash, ash –
You poke and stir.
Flesh, bone, there is nothing there –
(…)
Out of the ash
I rise with my red hair
And I eat men like air.

Sylvia Plath [1]

I

Da steht sie: groß, furchtlos und selbstbewusst, breitbeinig, die Arme auf die Hüften gestützt, der Blick über ihr Publikum schweifend, entschlossen. So sehen Heldinnen aus!

Doch so perfekt diese Nachbildung eines weiblichen Körpers anmutet, so perfekt ist auch ihr Makel: ihr Körper ist über und über von Haaren bedeckt, wie ein Tier. Ihre dunkle Haut und die unverhüllte, naturalistische Darstellung der Brustwarzen macht die Sache nicht besser. Birgit Diekers *Beasty Girl* (2001, Abb. S. 30–31) ist eine Art Wolfsmädchen, das sich sämtlichen Darstellungskonventionen widersetzt, das uns irritiert und provoziert. In nichts entspricht sie dem, was wir kennen: Wenn wir uns die Körperhaare wegdenken, ist ihr Körper der einer modernen Frau, ihr Gesicht ähnelt dem der Künstlerin, selbst ihre Glasaugen tragen ihren Ausdruck. Und doch steht ihr Haarkleid wie eine Grenze zwischen uns. Wer hätte wohl den Mut sie zu berühren?

Diese „Abweichungen" vom Kanon ästhetischer Normen erweisen sich aus einer feministischen Perspektive als subversive Strategie, deren kritisches Potenzial deutlich wird, wenn wir uns die historischen Voraussetzungen in Erinnerung rufen, die der Darstellung des weiblichen Körpers vorausgehen. Ästhetische Kategorien, die seit der Antike die Darstellung des weiblichen Akts in der westlichen Kunst bestimmen, dienen der Eingrenzung und Reglementierung. Innerhalb dieses Prozesses vollzieht sich die Umwandlung der „Frau" in einen weiblichen Akt.[2] Damit ist nicht nur gemeint, dass einem „natürlichen" Körper Grenzen gesetzt werden, sondern dass dieser von einer ästhetisierenden Hülle umgeben wird, die den Blick des Betrachters lenkt. Formale und kompositionelle Konventionen dienen dazu, den weiblichen Körper in ein Korsett von Reinheit, Vollkommenheit und Impermeabilität zu zwängen und seine Öffnungen zu versiegeln. Dadurch wird verhindert, dass die Grenze zwischen innen und außen, zwischen dem Selbst und dem *Anderen* verletzt werden könnte.

I

There she is: tall, fearless, and self-confident, feet wide apart, arms on hips, her gaze sweeps out over her audience, determined. This is the pose of a heroine.

And yet as perfect as this rendering of a female body may seem, so too are its faults: its body is covered from head to toe in hairs, like some wild beast. Its dark skin and the undisguised, naturalistic depiction of nipples only makes things worse. Birgit Dieker's *Beasty Girl* (2001, ill. pp. 30–31) is a kind of she-wolf that confounds all conventions of representation and which astounds and provokes us. It is quite unlike anything we know: if we imagine it without the body hair, its body is that of a modern woman, one whose face is similar to the artist's own; even her glass eyes bear the same likeness of expression. And yet her mantle of hair stands between us and her like an insurmountable barrier. Who would ever have the courage to reach out and touch her?

Viewed from a feminist perspective, these "deviations" from the canon of aesthetic norms reveal themselves as a subversive strategy, whose critical potential becomes clear when we cast our minds back to the historical preconditions that govern the depiction of the female body. Aesthetic categories that have determined the representation of the female nude in Western art since antiquity serve to limit and regiment the female form. Within this process a transformation occurs, whereby a "woman" is turned into a female nude.[2] This not only means that constrictions are placed on a "natural" body, but more to the point that it is surrounded by an aestheticizing shell, which diverts the viewer's gaze. Formal and compositional conventions serve the purpose of forcing the female body into a corset of chasteness, integrity, and impermeability, effectively sealing its openings. This prevents the boundary between inside and outside, between self and the *other* from being violated. According to this line of thought, anything between these two states poses a danger.

Alle Übergangsstadien wirken in diesem Sinne bedrohlich: Jeder Körper, jedes Objekt, das sich einer Klassifizierung oder Kategorisierung entzieht, bedeutet eine Gefahr für das bestehende Ordnungssystem. Die Grenzen der Kategorien, die zur Aufrechterhaltung dieses Systems eingesetzt werden (männlich / weiblich, innen / außen, etc.), sind dabei als empfindliche Randbereiche zu sehen, die sich in ihrer Flüchtigkeit ständig aufzulösen drohen.

So manifestiert sich in der Überschreitung oder Durchdringung körperlicher Grenzen und Definitionen wie im Falle des *Beasty Girl* nichts weniger als eine Bedrohung der gesellschaftlichen Norm, die bis heute auf dem aristotelischen Ideal von Symmetrie, Ordnung und Klarheit basiert. Dabei stellt die Wahrnehmung dieses Ideals aus psychoanalytischer Sicht nichts anderes dar als die Illusion eines vollkommenen Subjekts, in der sich der Betrachter spiegelt. Der weibliche Körper steht dabei als Metapher für Trennungs- und Ordnungsprozesse, in denen sich die Bereiche des Selbst und des *Anderen* formieren. Besonders brisant wird die kritische Beschäftigung mit diesem „Ideal", wenn Künstlerinnen dazu übergehen, den eigenen Körper zum Objekt ihrer Auseinandersetzung zu machen. Bildhauerinnen wie Louise Bourgeois, Eva Hesse und Lynda Benglis gehörten in den 1960er und 1970er Jahren zu den ersten, die mit ihren plastischen Arbeiten aus Latex, Gummi und Gips radikale Selbstinszenierungen formulierten.

Auch Birgit Diekers *Beasty Girl* erweist sich als eine Selbstdarstellung der Künstlerin, deren Verfremdung wichtige Fragen aufwirft. Wenn sie, wie hier, die Selbstinszenierung zum Thema ihrer Arbeit macht, zielt sie nicht auf die Darstellung einer neuen „authentischen" Weiblichkeit oder Identität, sondern auf eine Reflexion über das Verhältnis zum Bild der „Frau" und ihrer eigenen gesellschaftlichen Situation, die sie selbst zum Bild macht.[3] Die Problematik der Künstlerin angesichts ihres eigenen Selbstbildes besteht jedoch darin, dass ihr als Autorin die Position als aktives (männlich gedachtes) Subjekt des Blicks zukommt und sie sich zugleich als dessen passives Objekt

Every body, every object, which eschews classification or categorization, poses a threat to the existing order. The boundaries between the categories that are applied in maintaining this system (male / female, inside / outside, etc.) are to be viewed as sensitive peripheral regions, which, in their fleetingness, seem at risk of dissolving completely.

The transgression or penetration of bodily limits and delineations as presented in the case of *Beasty Girl* amounts therefore to nothing less than a threat to the social norm that—to this day—continues to be based on the Aristotelian ideal of symmetry, order, and clarity. From a psychoanalytical perspective, the perception of this ideal amounts to nothing less than the illusion of a perfect subject, in which the viewer sees him or herself reflected. In all of this, the female body thus stands as a metaphor for processes of separation and order in which the spheres of self and *other* are formed. A critical stance toward this "ideal" as adopted by female artists becomes particularly volatile when they proceed to make their own body the object of their investigation. Sculptors like Louise Bourgeois, Eva Hesse, and Lynda Benglis were among the first artists in the 1960s and 1970s to use their sculptural works to compose radical self-portrayals, made from latex, rubber, and plaster.

Beasty Girl is also a self-portrait of the artist and the way she evokes a sense of alienation from herself poses some important questions. When she makes self-portrayal a key theme in her work, as she does here, her intention is not to depict a new "authentic" femininity or identity, but to reflect on the relationship between the image of the "woman" and her own place in society. This is what Dieker is really portraying here.[3] The set of problems the artist faces regarding her own self-portrait consists in the fact that, as its author, she is ascribed the position of an active (masculine-connotated) subject of the gaze, while at the same time perceiving herself as its passive object.[4] Birgit Dieker sidesteps these conventional dictates, in that she deliberately chooses to depict her own

wahrnimmt.[4] Birgit Dieker entkommt diesem konventionellen Zwangsverhältnis, indem sie den eigenen Körper als *Beasty Girl* absichtlich dort positioniert, wo „Weiblichkeit" gleichzeitig abgewertet und als Bedrohung wahrgenommen wird: im Bild der Frau als wildem, sexuell aktivem Naturwesen, das als Gegenbild zum kultivierten, aber passiven Ideal entworfen wurde. Der weibliche Körper erscheint als Monstrosität und funktioniert nicht länger als Projektion. Wenn die Künstlerin ihren Körper mit den historischen Kategorien in eins setzt, die dafür gesorgt haben, dass „Weiblichkeit" herabgesetzt und diffamiert wurde, bewegt sie sich auf gefährlichem Terrain. Doch ihre Identifikation ist nur vordergründig: Tatsächlich nutzt sie die übersteigerte und verfremdete Selbstdarstellung als *Beasty Girl* für ihre eigenen Zwecke und geht mit ihrer behaarten Figur auf Konfrontationskurs zu einem System, in dem alles Nicht-Männliche das „Andere" ist, gebunden an einen Körper, dessen „Mängel" für die Unzulänglichkeiten seines „Andersseins" (also seine „Weiblichkeit") verantwortlich sind. Indem sie die Körperlichkeit ihrer Figur durch fein herausgearbeitete weibliche Attribute und eine fast tierische Körperbehaarung überbetont und diese stolz herauskehrt, bewegt sie sich an den Bruchstellen eines Systems, das nur über die permanente Bestätigung seiner Grenzen aufrechterhalten werden kann. Mit *Beasty Girl* liefert sie alles andere als ein Bild der Bestätigung, sondern verunsichert und brüskiert uns mit einer Selbstdarstellung, die so weit von den konventionellen Idealvorstellungen eines weiblichen Körpers entfernt ist, dass sie betretene Blicke provoziert und uns sprachlos macht.

Ganz ähnlich verhält es sich mit Diekers lederner Skulptur *Bad Mummy* (2005, Abb. S. 43). In der Haltung einem klassischen Torso nachempfunden, präsentiert sich diese „Mutterfigur" als ausgesprochen feindseliges Objekt. In ihrem martialisch anmutenden schwarzen Motorradanzug, der mit seinen Nieten, Reißverschlüssen und Stacheln archaische Riten der Hells Angels ebenso assoziiert wie die primitive Darstellung einer Venus von Willendorf, wird sie zur Inkarnation der

body as *Beasty Girl* in the very manner in which "femininity" is perceived negatively and as a threat: as the image of the woman as a wild, sexually active creature that was devised as the counterpoint to the cultivated, but passive ideal. The female body appears as a monstrosity and no longer serves as a projection. When the artist puts her own body on the same level as the very historical categories that ensured that "femininity" was degraded and denigrated in the past, she opens herself up to certain risks and places herself on dangerous ground. And yet the likeness with herself is only superficial: in actual fact she uses the exaggerated and alienated self-portrayal as *Beasty Girl* for her own agenda and uses her hairy figure to strike out on a deliberate collision course with a system in which everything non-masculine is the "other," bound to a body, whose "faults" are responsible for the inadequacies of its "otherness" (which is to say its "femininity"). In overemphasizing the corporeality of her figure through finely worked female attributes and near animalistic body hair, here on proud display, she fingers the stress lines in a system that can only be maintained through the constant affirmation of itsboundaries. In *Beasty Girl* she provides us with everything but an image of affirmation, and snubs us with a self-portrait, which is so far removed from conventional notions of the ideal female body that it provokes somewhat embarrassed looks and leaves us speechless.

Dieker's leather sculpture, *Bad Mummy* (2005, ill. p. 43), works in a similar vein. In a twist on classical depictions of the torso, this "mother figure" presents itself as an exceptionally antagonistic object. In its black motorbike suit, with its martial overtones and studs, zippers, and spikes, strangely evocative of both archaic Hells Angels' rites and the primitive depiction of a Venus of Willendorf, the figure becomes the incarnation of the forbidding bad mother, who should not be messed with at any cost. Nurture and care are not to be expected of her. The figure confounds all concepts of motherliness that the patriarchal pictorial system has given rise to, while at the same time appearing as a tormented figure, which, adorned with thorns and without head or limbs and unable

abweisenden, schlechten Mutter, der man besser nicht zu nahe kommt. Nahrung und Fürsorge sind von ihr nicht zu erwarten. Damit widerspricht sie allen Vorstellungen von Mütterlichkeit, die das patriarchale Repräsentationssystem hervorgebracht hat, und erscheint zugleich als gepeinigte Figur, die sich ohne Kopf und Glieder, mit Stacheln versehen, aber bewegungsunfähig ihrer Leder-Haut erwehren muss.

Die Darstellung fragmentarisierter und metamorphisierter Körperbilder hat in der Kunst des 20. und 21. Jahrhunderts eine lange Tradition. Bereits für die Surrealisten spielte die Auseinandersetzung mit Körpern und Objekten, die ihrer gewöhnlichen Funktionen entfremdet und mit sexuellen Assoziationen aufgeladen werden, eine zentrale Rolle. Dabei geht es um gewaltsame Verwandlungen, Verkleidungen und Verrückungen des Körpers, die es darauf anlegen, seine Grenzen zu sprengen und sein erotisches Potenzial auszuschöpfen. Die „Perversionen", die in surrealistischen Kunstwerken durchgespielt werden, offenbaren das Anliegen, „sich so zu verhalten, dass der Körper nicht mehr der ‚natürliche', verdinglichte, gegebene Körper ist, sondern ein ‚erfundener' Körper (...)."[5] Diese Tendenz zur Fragmentarisierung und Fetischisierung – insbesondere des weiblichen Körpers – löste in der neueren feministischen Kunstgeschichtsforschung eine kritische Debatte aus, die sich auf zwei Deutungsansätze zuspitzt: Einerseits wird die bildliche Demontage und Zerstückelung von „Frauen"-Bildern als Angriff auf den realen weiblichen Körper interpretiert[6], während auf der anderen Seite die künstlerische Praxis der Fragmentierung eines abgebildeten Körpers als Dekonstruktion und damit als Möglichkeit verstanden wird, patriarchale, bürgerliche Totalitätskonzepte zu überwinden.[7] Ich folge der zweiten Position und möchte betonen, dass die künstlerische Darstellung von fragmentarisierten Körpern nicht mit der Zerstörung oder Verletzung wirklicher Körper gleichgesetzt werden darf, sondern ein subversives Potenzial birgt, das mit Derridas Dekonstruktionsbegriff am besten zu fassen ist. Vor diesem Hintergrund bedeutet „Dekonstruktion (...) im Gegensatz zu Destruktion (...) nicht die gewalttätige

to walk, has to contend with its skin of leather. The depiction of fragmented and metamorphosed body images has a long tradition in the art of the twentieth and twenty-first century. The investigation of bodies and objects, alienated from their usual functions and charged with sexual connotations, played a key role in the work of the Surrealists. In their case, the body is forcibly transformed, disguised, and dislocated with the aim of breaking its limits and exploiting its erotic potential. The "perversions" reflected in Surrealist artworks reveal the intent "to behave in such a way that the body stops being the 'natural,' objectified, given body, but an invented body instead ..."[5] This trend toward fragmentation and fetishization—especially of the female body—has triggered a critical debate in more recent feminist analysis in art history, which has essentially culminated in two interpretative approaches. On the one hand, the visual disassembly and dismemberment of images of "women" is seen by some as an attack on the real female body,[6] while in the other camp, the artistic practice of fragmenting the visual representation of a body is understood as a form of deconstruction and thus as an opportunity to overcome patriarchal, bourgeois concepts of totality.[7]

I myself am more inclined to follow the second position and would like to point out that the artistic depiction of fragmented bodies should not be equated with the destruction or injury of real bodies. Instead it carries a subversive potential that can be best understood using Derrida's concept of deconstruction. Against this backdrop then it should be noted that, "unlike destruction, deconstruction does not mean ... the violent injury or destruction of a 'whole,' rather the reverse, in that it highlights the conditions of its production and lays bare the repressed things concealed within."[8] The dismembered image of "women" thus does not symbolize the destruction of the female body, rather it disrupts the illusion of a stable "feminine identity." In this vein, even the headless female bodies that reappear again and again in this context in art are not identifiable as definite bodies and objects. It would be more accurate to say that they are comparable with mutations

Verletzung oder Zerstörung eines ‚Ganzen', sondern macht dieses sozusagen rückgängig, indem sie die Bedingungen seiner Herstellung thematisiert und die Verdrängungen offenlegt, die sich in ihnen verbergen."[8] Das zerstückelte „Frauen"-Bild symbolisiert damit nicht die Zerstörung des weiblichen Körpers, sondern stört die Illusion einer stabilen „weiblichen Identität". So lassen sich auch die kopflosen weiblichen Körper, die in diesem Zusammenhang immer wieder in der Kunst auftauchen, nicht als bestimmte Körper und Objekte identifizieren. Vielmehr sind sie vergleichbar mit Mutationen und Metamorphosen, die unheimlich und bedrohlich anmuten und jede Bestätigung von „Natur" bewusst verweigern. Das trifft in besonderem Maße auf Birgit Diekers *Bad Mummy* zu, deren verstörende Wirkung nicht nur etablierte Weiblichkeitsentwürfe angreift, sondern mit der „Mutterfigur" einer vermeintlich unantastbaren Ikone der westlichen Kunstgeschichte den Kampf ansagt.

II

Seit 2006 setzt sich Birgit Dieker verstärkt mit fragmentarisierten, verfremdeten und metamorphisierten Körpern auseinander, die sie aus gebrauchten Kleidern zusammennäht, schichtet und schneidet – ein Material, dessen Körperbezogenheit eine entscheidende Rolle spielt und das zugleich durch seinen Charakter (Stofflichkeit, Muster und Qualität) über ein besonderes, assoziatives Potenzial verfügt. Auffallend ist, dass die Künstlerin in diesen Figuren nicht nur Körperteile weglässt, sondern ihre Körper regelrecht aufbricht, um ihrer „Identität" auf den Grund zu gehen.
Sie bestehen aus Schichten, die sich wie Ablagerungen des Persönlichen zu Figuren verdichten. Dabei befördert sie mit bewusst gesetzten Schnitten ihr Innerstes nach außen. So werden unter der ästhetischen, perfekten Oberfläche, die diese Skulpturen wie eine Art Schutzhülle umschließen, Versehrtheiten und psychische Abgründe sichtbar. Für die Künstlerin ist es „die Suche nach einem Selbst, das unter den vielen Schichten von Erfahrungen und Geschichten verhüllt ist, eine Art ‚Herausschälung'."[9]

and metamorphoses whose appearance is uncanny and threatening and which consciously deny any affirmation of the "natural." This is especially true of Birgit Dieker's *Bad Mummy,* whose disturbing effect not only flies in the face of established norms of femininity but also declares war on the "mother figure," a supposedly sacrosanct icon in Western art history.

II

Since 2006, Birgit Dieker has increasingly explored fragmentary, alienated, metamorphosed bodies, which she sews together, layers and cuts from used clothing—a material that is itself intrinsically related to the body and which carries with it a particular associative potential through its character (materiality, pattern, and quality). What is conspicuous in these figures is the fact that the artist not only leaves out certain body parts, but that she literally breaks open her bodies to get to the core of their "identity." They become figures through the compaction, as it were, of sedimentary layers of the personal. She brings their innermost parts to the outside through a series of consciously made incisions. In this way, beneath the aesthetic, perfect surfaces, which surround these sculptures like a kind of protective case, afflictions and psychic chasms are rendered visible. For the artist it amounts to "the search for a self that is concealed under layers of experience and stories, a kind of 'peeling away.'"[9]

This certainly also holds true for the armless and headless sculpture *Rosie* (2007, ill. p. 83). It is composed from a perfectly modeled body, buried below countless layers of clothing piled on top of one another. Hidden this way, the figure seems to consist merely of legs and a shapeless torso. Pink, floral terrycloth forms its outer skin and gives the viewer an initial impression of a cozy, rather plumpish form of "femininity," which happily surrounds itself with soft cushions and cuddly toys. But this innocent, naïve image is literally torn to shreds by the artist's violent interventions to the outer form. In several places, the rose-hued floral pattern is pitted with cuts, sometimes deep and sometimes also of a quite brutal appearance,

Die gleichsam arm- und kopflose *Rosie* (2007, Abb. S. 83) ist eine solche Skulptur. Sie besteht aus einem perfekt durchmodellierten Körper, der unter unzähligen Lagen von übereinandergeschichteten Kleidungsstücken verborgen ist. So verhüllt, scheint die Figur nur aus Beinen und einer unförmigen Gestalt zu bestehen. Ein rosafarbener, geblümter Frotteesamt bildet ihre Außenhaut und vermittelt zunächst den Eindruck einer gemütlichen, vielleicht zur Naschsucht neigenden „Weiblichkeit", die sich gern mit weichen Kissen und Kuscheltieren umgibt. Doch dieses unschuldige, naive Bild wird durch gewaltsame Eingriffe der Künstlerin regelrecht zerfetzt. Das rosa Blümchenmuster zeigt sich an vielen Stellen durch mehr oder weniger tiefe, teilweise auch brutal anmutende Schnitte bis ins Körperinnere aufgerissen und verletzt. Aus diesen klaffenden „Wunden" quellen mehrschichtige Lagen von rotem Stoff hervor, der an der Stelle, wo das Herz sitzen müsste, eine immer dunklere Rotfärbung annimmt. Der Kopf bleibt unter der Stoffmasse verborgen. Die Beine dagegen sind am weitesten ausdifferenziert, bis hin zu den Zehen, die durch ein Loch in der Strumpfhose am linken Bein erkennbar werden. Das rechte Bein weist am Oberschenkel ebenfalls eine tiefe Wunde auf, die den Stoff der unterschiedlichen, für die Skulptur verwendeten Kleider erkennen lässt.

Die Künstlerin findet ihr Material in Secondhandshops und spielt mit dem benutzten Charakter dieser Kleidung, die zum Inbegriff einer „zweiten Haut" wird – als Schutz oder auch Maskerade, aber immer versehen mit der Geschichte derer, die sie einmal getragen haben. „Sie symbolisiert die Spannung zwischen Innen und Außen, zwischen Privatem und Öffentlichem, Verhüllen und Aufdecken", so die Künstlerin[10], und verdeutlicht das, was sich im Innern verbirgt, was nicht durch die Hülle eines „ganzen" Körperbildes nach außen dringt – seelische Verletzungen, Phobien, Widersprüche.

So verwendet die Künstlerin mit den gebrauchten Kleidern einen Werkstoff, der intimer nicht sein könnte. Spuren gelebten Lebens liegen in diesen

which tear into and maim the body's insides. From these gaping "wounds" multiple layers of red fabric seem to spill out, at the very spot, for instance, where the figure's heart must be, with each layer a darker shade of red the deeper it extends. The head remains buried beneath the mass of fabric. The legs, by contrast, are much more defined, including even the toes, which are recognizable by a hole in the tights on the left leg. The right leg also bears a deep gash on the thigh, which exposes to the viewer the fabric from the various clothes used to make the sculpture.

The artist finds her material in second-hand shops and plays with the used character of this kind of clothing, which epitomizes the idea of a "second skin"—be it as a form of protection or even masquerade, but always infused with the past of the person who once wore it. As the artist herself states: "It symbolizes the tension between interiority and exteriority, between private and public, concealment and disclosure,"[10] and exemplifies what is concealed inside, the things that do not escape the shell of an "intact" body image—emotional pain, phobias, contradictions.

By appropriating used clothing, the artist makes use of a material that could not be of a more intimate nature. Traces of lived lives are hidden in the weave of these fabrics: through the direct contact with skin, they capture traces of body odors, perfume, and sweat, all signs of the body, of love and fear, exertion and joy. It should also be pointed out that clothing fabric itself is closely tied to the experiences of femininity: "From the moment it is used, the dress … appears as something individual… The fabric of dresses is generally woven from pliant, soft fibers. This allows it to hug the shape of the body, it can provide warmth and form a veil… The fact fabric only takes on form by clinging to one more solid is not the only reason why it carries feminine connotations. It is an absorbent material, allows itself to be dyed, takes on smells and is easily manipulated and torn."[11] These characteristics, coupled with the fact that fabric is not durable, usually make it a rather unsuitable material for sculptures. But it

Stoffen verborgen: in direktem Kontakt zur Haut sind Körpergerüche, Parfum oder auch Schweiß zurückgeblieben, Zeichen des Körpers – Liebe und Angst, Anstrengung und Freude. Dabei sind Kleiderstoffe eng mit Erfahrungen von Weiblichkeit verknüpft: „Das Gewand (...) erscheint vom Moment seines Gebrauches an als etwas Individuelles (...) Der Stoff von Kleidern ist in der Regel aus flexiblen, weichen Fasern gewebt. So kann er sich den Körperformen ideal anpassen, er kann wärmen und verhüllen. (...) Aber nicht nur seiner Anschmiegsamkeit wegen ist Stoff weiblich konnotiert, sondern auch weil er ein aufnahmefähiges Material ist, Flüssigkeit aufsaugt, sich verfärbt, Geruch annimmt und verletzlich ist."[11] Diese Eigenschaften und die Tatsache, dass Stoff vergänglich ist, lassen ihn für skulpturale Belange zunächst wenig tauglich erscheinen. Doch sind es gerade der enge Bezug zum Körper, seine hautähnliche Qualität und nicht zuletzt seine geringe Wertigkeit (verglichen mit traditionellen bildhauerischen Materialien wie Marmor, Bronze oder auch Holz), die für Diekers künstlerisches Konzept wie geschaffen sind.

Mit *Anita* (2011, Abb. S. 62, 68–69) hat Birgit Dieker eine weitere Skulptur geschaffen, in der die Inszenierung eines widersprüchlichen Frauenbildes zur Diskussion steht. Sie ist durch die legendäre Berliner Tänzerin Anita Berber inspiriert. In den 20er Jahren des letzten Jahrhunderts verkörperte sie die weibliche Verführerin, war öffentliche Person, gefeierte Sängerin und Femme fatale, die durch ihre Skandale und ihren Drogenmissbrauch ein frühes Ende fand.[12] Dieker interessiert die Diskrepanz zwischen öffentlichem Glamour und privatem Scheitern – eine innere Zerrissenheit, die an ihrem Körper verhandelt wird.

In einer eleganten, selbstbewussten Pose, mondän aufgeputzt in einem Kokon aus goldenen Pailletten, präsentiert sie ihren Körper auf einem Barhocker, die Arme hinter dem Kopf verschränkt, den Blick seitlich, kokett auf den Betrachter gerichtet. Und was für ein Blick! Das Auge herausgeschält aus glitzernden Stofflagen, übergroß, mit betonten Wimpern, während das zweite Auge

is precisely this close relationship to the body, its closeness to the skin and not last its relatively low value (when compared to traditional sculptural materials, such as marble, bronze, and even wood), which make it ideal for Dieker's artistic concept.

With *Anita* (2011, ill. pp. 62, 68–69), Birgit Dieker created another sculpture in which the spectacle of a contradictory image of femininity stands open to discussion. The sculpture was inspired by the legendary Berlin dancer, Anita Berber. In the 1920s Berber encapsulated the "vamp," was a public celebrity, a famed singer and femme fatale, who died very young after a series of scandals and frequent drug abuse.[12] What interests Dieker about her is the discrepancy between her public glamour and private failure—an inner conflict that is played out on her body.

In an elegant, self-confident pose, fashionably done up in a cocoon of gold sequins, she shows off her body on a barstool, her arms held behind her head, her gaze cast sideward, coquettishly directed at the spectator—a gaze like no other! The oversized eye has been peeled out of glittering layers of fabric and is surrounded by starkly emphasized eyelashes, while the second eye remains shut beneath a skin of golden sequins. And yet *Anita* bears deep scars inflicted in the creation process that made her. Even though she seems to play the part of glamour girl quite perfectly, life has clearly taken its toll on her body. Her body consists in countless layers of Lurex dresses, whose shimmer gets duller and darker the deeper they go. The figure's metallic, shiny sequin dress appears as protective armor and seems to have been quite literally cut into the body itself, so that parts of the body have been worn away or even cut by these interventions. The remaining extremities appear like withered black insect legs—a metamorphosis which reveals both an injured larva body and the figure of a woman:

> "A glistening body, head, and neck
> as though in a cocoon, with a wing almost
> emerging on its back: with these thin,
> hairy legs, displayed on the barstool like
> a speared insect."[13]

unter der goldenen Paillettenhaut geschlossen bleibt. Doch auch *Anita* hat in ihrem Entstehungsprozess tiefe Verletzungen davongetragen, ist vom Leben gezeichnet und zugleich für ein Leben als Glamourgirl zurechtgemacht: Ihr Körper besteht aus unzähligen Schichten von Lurexkleidern, deren Glanz zum Kern hin immer stumpfer und dunkler wird. Ihr metallisch-glänzendes Paillettenkleid wirkt wie ein Panzer und ist dabei regelrecht in den Leib hineingeschnitten, sodass auch Teile des Körpers durch diese Eingriffe abgetragen, auf- oder weggeschnitten wurden. Die verbliebenen Extremitäten erscheinen wie verkümmerte schwarze Insektenbeine – eine Metamorphose, bei der mit dem verletzten Raupenkörper zugleich eine Frauenfigur zum Vorschein kommt:

> „Ein schillernder Körper, Kopf und Nacken wie im Kokon, auf dem Rücken fast ein Flügel: mit diesen dünnen, haarigen Beinen, präsentiert auf dem Hocker, wirkt sie wie ein aufgepiekstes Insekt."[13]

Diekers Skulpturen sind in unmittelbarem Zusammenhang mit den Tendenzen der Abject Art zu sehen, ein Begriff, der in den 1980er Jahren eingeführt wurde, um eine Kunst zu erfassen, die sich mit Körperlichkeit in ihren tiefenpsychologischen und sozialen Dimensionen auseinandersetzt. Skulpturale Werke so unterschiedlicher Künstler wie Louise Bourgeois, Kiki Smith, Mike Kelley, Robert Gober und David Hammons haben eine Materialität gemeinsam, die als nieder oder minderwertig gilt: Stoff, Latex, Gummi, Haare und Wachs. Indem sie unmittelbar auf Körperfunktionen und Spuren des Körpers verweisen, sind sie eng mit gesellschaftlichen Tabus und Traumata, persönlichen Obsessionen und Phobien verknüpft, die unsere Vorstellungen von einem stabilen Körper-Ego unablässig torpedieren.[14]

Als Abjekt oder Verworfenes lässt sich der Anteil des Subjekts bezeichnen, der sich nicht als Objekt kategorisieren lässt und den es bereit ist auszustoßen. Die Objekte, von denen Verwerfung ausgeht, definieren die Schnittstellen zwischen dem Inneren und Äußeren des Körpers und damit die Grenze zwischen Subjekt (innen) und Objekt

Dieker's sculptures are to be viewed in direct relation to the developments of Abject Art, a term that was coined in the 1980s to describe a kind of art that explored corporeality in its depth-psychological and social dimensions. The sculptural works of such different artists as Louise Bourgeois, Kiki Smith, Mike Kelley, Robert Gober, and David Hammons are composed of materials that were somehow construed as low or inferior: fabric, latex, rubber, hair and wax. In referring directly to bodily functions and the traces of the body, they are closely related to social taboos and traumas, personal obsessions and phobias, which torpedo our concepts of a stabile body-ego.[14]

The term "abject" applies to that part of the subject, which defies classification as an object and which it is willing to reject. The objects from which abjection issues define the crossing points between the body's interiority and exterior, and as such the boundary between subject (inner) and object (outer). Abjection symbolizes the concession of the subject's necessary relationship to death, to the animalistic and to the material world, in that it is simultaneously the acknowledgement and rejection of corporeality by the subject.

If from this perspective, we now take another look at the works *Bad Mummy, Rosie,* and *Anita,* what becomes clear is that Dieker's handling of the abject aspects of the body is very subtle and that a transformation takes place through the use of typical motivic elements in Abject Art (entrails, opened bodies, blood, wounds, dismemberment) in the form of apparently unbiased materials (discarded clothes and leather)—a transformation that may indeed confront us with the inevitable, but which also allows us some separation that spares us from the worst. In the case of *Beasty Girl* the artist adopts a reverse course of action: here she chooses a supposedly "classical" subject, the depiction of her own body as a nude, only to alienate it through a shell of human hair.

The title of Dieker's "hairy" floor sculpture *Innerer Schweinehund* (2005, ill. pp. 34–39) directly translates as "the inner pig-dog," and conjures up

(außen). Das Verwerfen symbolisiert das Eingeständnis der notwendigen Beziehung des Subjekts zum Tod, zum Animalischen und zur materiellen Welt, indem es zugleich die Anerkennung und die Ablehnung von Körperlichkeit durch das Subjekt bezeichnet.

Wenn wir vor diesem Hintergrund noch einmal die Arbeiten *Bad Mummy, Rosie* und *Anita* betrachten, zeigt sich, dass Diekers Umgang mit den verworfenen Aspekten des Körpers sehr subtil angelegt ist und durch die Umsetzung abjekter Motivbereiche (Eingeweide, geöffneter Körper, Blut, Wunde, Verstümmelung) in Form vermeintlich unvorbelasteter Materialien (abgelegte Kleider oder Leder) eine Übertragung stattfindet, die uns zwar mit dem Unausweichlichen konfrontiert, zugleich jedoch eine Distanz zulässt, die uns vor dem Schlimmsten bewahrt. Bei *Beasty Girl* verfährt die Künstlerin umgekehrt, indem sie mit der Darstellung des eigenen Körpers als Akt ein vermeintlich „klassisches" Thema wählt, um dieses dann durch eine Hülle aus Menschenhaar zu verfremden.

In ihrer gleichsam „haarigen" Bodenskulptur *Innerer Schweinehund* (2005, Abb. S. 34–39) bringt die Künstlerin das Verworfene inhaltlich und formal zur Deckung. Mit dieser Skulptur rückt sie uns regelrecht auf den Leib und rührt an unsere tiefsten Ängste und Empfindungen. Der *Innere Schweinehund* wirkt unheimlich, fremd und abstoßend, wie er da auf der Erde liegt. Ein großer Körper, struppig und braun, hilflos wie ein erlegtes Tier. Bei näherer Betrachtung erkennen wir, dass es sich um Eingeweide handelt, aber nicht fleischlich, viszeral, sondern eher von einer filzartigen, haarigen Oberfläche. Es ist die vergrößerte Nachbildung von Körperteilen aus dem Innern eines Menschen, die keine Rückschlüsse mehr auf seine Identität zulassen. Die Organe wurden von ihrer Hülle, der Haut, befreit, und liegen nun offen und ungeschützt vor uns: Lungenflügel, Herz, Magen, Darm, Nervenstränge, Speiseröhre und Gehirn. Dass sie hier als trockene Masse aus Menschen- und Tierhaaren nachgebildet wurden, steigert die Irritation und Verfremdung, welche die Künstlerin bereits durch eine stark vergrößerte Darstellung in ihre Skulptur

ideas of "gutlessness" or the "weaker self." In this work the artist aligns abject form and abject content. In this sculpture she gets under our skin and touches on our deepest fears and sensations. *Innerer Schweinehund* has an uncanny appearance, is alien and repulsive as it lies on the ground. A large body, bristly and brown, and helpless like a culled animal. Upon closer inspection we notice that the work is a depiction of innards, but not ones of flesh, rather with a felt-like, hairy surface. We are faced with the magnified rendition of body parts extracted from the inside of a person that bear no clue as to their owner's identity. The organs have been freed from their shell—the skin—and now lie exposed and unprotected on the ground: lung, heart, stomach, intestine, nerve fibers, esophagus, and brain. The fact they are rendered here as a dry mass of human and animal hairs only serves to increase the sense of confusion and alienation, which the artist has already achieved through the radical magnification of the depiction. At the same time, the use of bristly, dry material (hair) in rendering soft, organic forms (entrails) serves to heighten the sense of abjection. It all means we are repulsed and attracted at one and the same time, not least by the psychological effect that the object triggers in us in the act of viewing. The revealed inner organs point toward death, as they usually only become visible after a person's death. Innards exposed in this way are a direct reference to abjection: "The corpse ... is the utmost of abjection. It is death infecting life. Abject. It is thus not lack of cleanliness or health that causes abjection but what disturbs identity, system, order. What does not respect borders, positions, rules. The in-between, the ambiguous, the composite."[15]

The "innerer Schweinehund" is commonly understood as something that motivates our desires and our sense of laziness in the face of tough decisions. Dieker uses this tongue-in-cheek expression for a moment of weakness in an image that does not expose harmless human weaknesses, but personal chasms and the fragility of a system that denies our own impermanence and which defines the uncontrollability of the body as a threat. Her "innerer

hineingelegt hat. Gleichzeitig entsteht aus der Verwendung von struppigem, trockenem Material (Haar) für die Darstellung weicher, organischer Gebilde (Eingeweide) eine Steigerung des Abjekten. Das heißt, wir sind abgestoßen und angezogen zugleich, nicht zuletzt durch die psychische Wirkung, die das Objekt beim Betrachten auslöst. Die freigelegten inneren Organe deuten auf den Tod, ihre Sichtbarkeit ist erst im Augenblick des Todes gegeben. Das derart enthüllte Körperinnere verweist so unmittelbar auf das Verworfene: „Der Kadaver (...) ist das äußerste an Verwerfung. Er ist der Tod, der das Leben infiziert. Abjekt. Es ist nicht das Fehlen der Sauberkeit oder Gesundheit, das die Verwerfung hervorruft, sondern das, was die Identität, das System, die Ordnung stört. Was nicht die Grenzen, den Rang, die Regeln respektiert. Das Zwischending, das Zweideutige, das Zusammengesetzte.“[15]

Unter „innerem Schweinehund“ wird landläufig das verstanden, was unsere Gelüste und Bequemlichkeiten motiviert. Dieker jedoch wendet diesen Ausdruck augenzwinkernd tolerierten Schwachwerdens in ein Bild, das nicht harmlose menschliche Schwächen, sondern persönliche Abgründe und die Brüchigkeit eines Systems offenlegt, das unsere Vergänglichkeit leugnet und die Unkontrollierbarkeit des Körpers als Bedrohung definiert. Ihr *Innerer Schweinehund* macht uns unsere eigene Körperlichkeit und damit unsere Hinfälligkeit erschreckend und unverholen bewusst.

Im Ausstellungstitel selbst steckt bereits ein wichtiger Hinweis auf diesen Zusammenhang. Mit *The Big Striptease* zitiert Dieker eine Stelle aus Sylvia Plaths Gedicht *Lady Lazarus,* in dem die Dichterin den Körper des lyrischen Ich im Augenblick ihres selbstgewählten Todes beschreibt. Der Selbstmord gelingt nicht. Ihre Rettung wird zur öffentlichen Darbietung, ihr Suizid zu einer Inszenierung – zur Kunst:

> „Sterben ist eine Kunst, wie alles andere auch./
> Ich kann es besonders gut.“[16]

Lady Lazarus, die vom Tode Wiedererweckte, die Gerettete, spricht über ihren Körper wie über ein fremdes Objekt:

Schweinehund" makes us painfully and overtly aware of our own corporeality and therefore of our frailty.

The exhibition title contains an important clue to the relation between these two things. *The Big Striptease* is a reference to a Sylvia Plath poem, *Lady Lazarus,* in which the artist describes the speaker's body at the point of chosen death. Her attempt at suicide is unsuccessful. Her saving becomes a public act, her suicide a performance—a work of art:

> "Dying is an art, like everything else./
> I do it exceptionally well."[16]

Lady Lazarus, risen from the dead, speaks of her body like a foreign object, her skin

> "Bright as a Nazi lampshade/
> My right foot/
> A paperweight/
> My face a featureless, fine/
> Jew linen."[17]

Her body is materially composed in fine layers that can be peeled away, like Dieker's own fabric sculptures:

> "Peel off the napkin/
> O my enemy/
> ... What a million filaments./
> The peanut-crunching crowd/
> Shoves in to see./
> Them unwrap me hand and foot/
> the big strip tease."[18]

The thing below that is revealed is a being that cannot be comprehended:

> "I am your opus/
> I am your valuable,/
> The pure gold baby/
> That melts to a shriek."[19]

In Plath her body disintegrates to ashes, for her to be resurrected as a red-haired, man-killing vamp. So too in Birgit Dieker's striptease, the outer layers peel away to reveal a multilayered identity that is never identical with the outer skin and which constantly shifts, twitches, and mutates in our understanding of it, just like a lava in its cocoon. But in this case, the moth that emerges in the end is a being that scorches itself all too soon in the fire of a life of temptation, too seductive, too bright, too loud—*the pure gold baby*—glamour and death in one person, and hard to comprehend.

„Ein wandelndes Wunder, sozusagen,
meine Haut /
Wie ein Nazi-Lampenschirm strahlend, /
Mein rechter Fuß /
Ein Briefbeschwerer, /
Mein Gesicht, nichtssagend /
Feines jüdisches Leinen.“[17]

Ihr Körper ist von einer Stofflichkeit, die in feinen Schichten angelegt ist und sich freischälen lässt, wie Diekers Stoff-Skulpturen:

„Schäl mich aus diesem Mundtuch /
Ach Feind /
(...) Wieviel Millionen Flusen. /
Erdnuß mampfende Massen /
Drängen herein, wollen zusehen, /
Wie sie mich auspacken, nacktmachen. /
Zum großen Striptease“[18]

Was darunter zum Vorschein kommt, ist ein Ich, das sich nicht fassen lässt:

„Ich bin Ihr Werk /
Ihr Wertgegenstand, /
Das Baby aus reinem Gold, /
Das schmilzt zu einem Schrei.“[19]

Bei Sylvia Plath zerfällt ihr Körper zu Asche, um dann als rothaariger, männermordender Vamp wiederaufzuerstehen. Und auch wenn in Birgit Diekers „Striptease“ die Hüllen fallen, kommt eine vielschichtige Identität zum Vorschein, die nie mit der Außenhaut identisch ist, sich in unserer Vorstellung ständig bewegt, zuckt und verändert, wie eine Raupe in ihrem Kokon. Doch der Falter entpuppt sich als ein Wesen, das sich allzu früh versengt hat am Feuer eines verführerischen Lebens, zu verlockend, zu hell, zu laut – *das Baby aus reinem Gold* – Glamour und Tod in einer Person – und nicht zu fassen.

Anmerkungen

1 Sylvia Plath, „Lady Lazarus“, in: Dies.: *Ariel, Urfassung* (engl./dt.), übertragen von Alissa Walserr, Frankfurt am Main 2008, S. 45 f.

2 Vgl. Lynda Nead, *The Female Nude – Art, Obscenity and Sexuality,* New York/London 1993/1992.

3 Dabei kann nicht nachdrücklich genug betont werden, dass es keine „wesenhafte“ Weiblichkeit gibt, die dieser Bildwerdung vorausginge und die sich als ein feministisches Bewusstsein wiedergewinnen ließe. So findet auch die Auseinandersetzung der genannten Künstlerinnen entlang der Konstruktionen des „Weiblichen“ statt, die der bürgerlich-patriarchale Repräsentationsapparat hervorgebracht hat.

4 Oder, um John Berger zu zitieren: „Männer handeln und Frauen treten in Erscheinung. Männer sehen Frauen an. Frauen betrachten sich selbst, wie sie angesehen werden. Der überprüfende Blick der Frau auf sich selbst ist männlich – und das Überprüfte weiblich. So macht die Frau sich selbst zum Objekt und dabei vor allem zu einem Objekt des Sehens: zu einem Blick.“ (Eigene Übersetzung). Vgl. John Berger, *Ways of Seeing,* Harmondsworth 1987/1972, S. 47.

5 Xavière Gauthier, *Surrealismus und Sexualität. Inszenierungen der Weiblichkeit,* Wien/Berlin 1980, S. 204.

6 Vgl. Renate Berger, „Pars pro toto. Zum Verhältnis von künstlerischer Freiheit und sexueller Integrität“, in: Dies.: *Der Garten der Lüste,* Köln 1985, S. 150–199.

7 Vgl. Sigrid Schade, „Der Mythos des ‚Ganzen Körpers‘. Das Fragmentarische in der Kunst des 20. Jahrhunderts als Dekonstruktion bürgerlicher Totalitätskonzepte“, in: Barta, Breu et al. (Hg.), *Frauen. Bilder. Männer. Mythen,* Berlin 1987, S. 239–260.

8 Vgl. ebd., S. 125.

9 Birgit Dieker im Gespräch mit der Autorin am 26. Juni 2012.

10 Zit. n.: Moritz Woelk, „Birgit Dieker“, in: *Selected Artits – Stipendiatinnen und Stipendiaten des Arbeitsstipendiums für Bildende Kunst des Berliner Senats 2008,* Berlin 2009.

11 Monika Wagner, *Das Material der Kunst. Eine andere Geschichte der Moderne,* München 2001, S. 88.

12 „Die Berber zog Skandale förmlich an, sie nahm Morphin und Kokain, trank pro Tag eine Flasche Cognac und prügelte sich mit jedem, der ihr quer kam. (...) Ihre oft nackt dargebotenen Tänze mit Titeln wie „Kokain“ oder „Tänze des Lasters, des Grauens und der Ekstase“ führten immer wieder zu tumultartigen Szenen während der Auftritte. Bald war sie bekannt und ebenso skandalumwittert und berüchtigt.“ Zit. n.: Ricarda D. Herbrand, *Göttin und Idol. Anita Berber und Marlene Dietrich,* 2003, siehe http://germanistory.worteinheiten.de/wiss/drogen.htm

13 Birgit Dieker im Gespräch mit der Autorin am 26. Juni 2012.

14 Der Prozess des Verwerfens (abjection) fällt in die Zeitspanne zurück, die die Schwelle zum Spracherwerb des Kindes markiert und seinen Übertritt in die symbolische Ordnung bezeichnet. Der Sinn des Verwerfens besteht darin, dass nur durch die Abgrenzung des ‚reinen‘, sauber erscheinenden Körpers der Eintritt in die väterliche Ordnung und damit der Erhalt einer geschlechtlichen und psychischen Identität möglich ist. Durch die wiederholte Verwerfung werden Körpervorgänge Stück für Stück in signifikatorische Prozesse eingebunden, in denen Bilder, Wahrnehmungen und Empfindungen mit ‚ideellen Repräsentanten‘ und Signifikanten verknüpft und durch sie repräsentiert werden. Dabei ist wichtig, dass das Subjekt, um eine beständige Identität zu erlangen, einen Teil seiner selbst verleugnen muss. Unter diesen Voraussetzungen bleibt jede nun erworbene Identität von provisorischem Charakter und ist ständig in Gefahr zusammenzubrechen oder sich aufzulösen.

15 Eigene Übersetzung. Vgl. Julia Kristeva, *Powers of Horror. An Essay on Abjection,* London/New York 1982, S. 4.

16 Vgl. Plath, 2008 (wie Anm. 1), S. 43.

17 Vgl. Plath, 2008 (wie Anm. 1), S. 41.

18 Vgl. Plath, 2008 (wie Anm. 1), S. 42/43.

19 Vgl. Plath, 2008 (wie Anm. 1), S. 45/47.

Notes

1 Sylvia Plath, "Lady Lazarus" in: *Ariel,* New York 1999, p. 6.

2 Cf. Lynda Nead, *The Female Nude – Art, Obscenity and Sexuality,* New York/London 1993/1992.

3 It cannot be repeated enough that there is no such thing as "inherent" femininity, which proceeds this image creation and which can be regained as a form of feminist consciousness. For this reason therefore, the investigation undertaken by the artists mentioned here also revolves around the constructions of the "feminine" that the bourgeois, patriarchal visual machinery has given rise to.

4 Or as John Berger says: "Men act and women appear. Men look at women. Women watch themselves being looked at. (...) The surveyor of woman in herself is male: the surveyed female. Thus she turns herself into an object—and most particularly an object of vision: a sight." John Berger, *Ways of Seeing,* Harmondsworth 1987/1972, p. 47.

5 Xavière Gauthier, *Surrealismus und Sexualität. Inszenierungen der Weiblichkeit,* (translated) Vienna/Berlin 1980, p. 204.

6 Cf. Renate Berger, "Pars pro toto. Zum Verhältnis von künstlerischer Freiheit und sexueller Integrität," in: Renate Berger, *Der Garten der Lüste,* Cologne 1985, pp. 150–199.

7 Cf. Sigrid Schade, "Der Mythos des 'Ganzen Körpers.' Das Fragmentarische in der Kunst des 20. Jahrhunderts als Dekonstruktion bürgerlicher Totalitätskonzepte," in: Barta, Breu et al. (ed.), *Frauen. Bilder. Männer. Mythen,* Berlin 1987, pp. 239–260.

8 Cf. ibid., p. 125.

9 Birgit Dieker in conversation with the author on June 26, 2012.

10 Quote (translated) from: Moritz Woelk, "Birgit Dieker," in: *Selected Artits – Stipendiatinnen und Stipendiaten des Arbeitsstipendiums für Bildende Kunst des Berliner Senats 2008,* Berlin 2009.

11 Monika Wagner, *Das Material der Kunst. Eine andere Geschichte der Moderne,* Munich 2001, p. 88.

12 "Berber positively attracted scandal, she took morphine and cocaine, drank a bottle of cognac every day and fought with anyone who crossed her path... Her dances, often performed naked, with titles such as 'Cocaine' and 'Dances of Vice, Horror, and Ecstasy' repeatedly led to tumultuous scenes during the performance. She quickly made a name for herself and was the center of scandal and notoriety." Quote (translated) from: Ricarda D. Herbrand, *Göttin und Idol. Anita Berber und Marlene Dietrich,* 2003, see: http://germanistory.worteinheiten.de/wiss/drogen.htm

13 Birgit Dieker in conversation with the author on June 26, 2012.

14 The process of abjection falls in a phase that marks the child's transition to acquiring language and entry into the symbolic order. The point of abjection lies in the fact that only through the clear demarcation of the "pure," seemingly clean body is the entry to the patriarchal order and the attainment of a sexual and psychological identity possible. Through repeated abjection, one by one bodily processes become intrinsically bound up with signifying processes, in which images, perceptions, and sensations are linked with "ideational representatives" and signifiers and are represented by them. Important to note is the fact that, in order to achieve a consistent identity, the subject must deny a part of itself. Under this set of preconditions, each identity acquired from now on remains of a provisional nature and is permanently at risk of breaking apart or dissolving.

15 Julia Kristeva, *Powers of Horror. An Essay on Abjection,* (London/New York 1982), p. 4.

16 Cf. Plath, 1999 (see note 1), p. 8.

17 Cf. Plath, 1999 (see note 1), p. 6.

18 Cf. Plath, 1999 (see note 1), p. 7.

19 Cf. Plath, 1999 (see note 1), p. 9.

Für Olga-Feodora

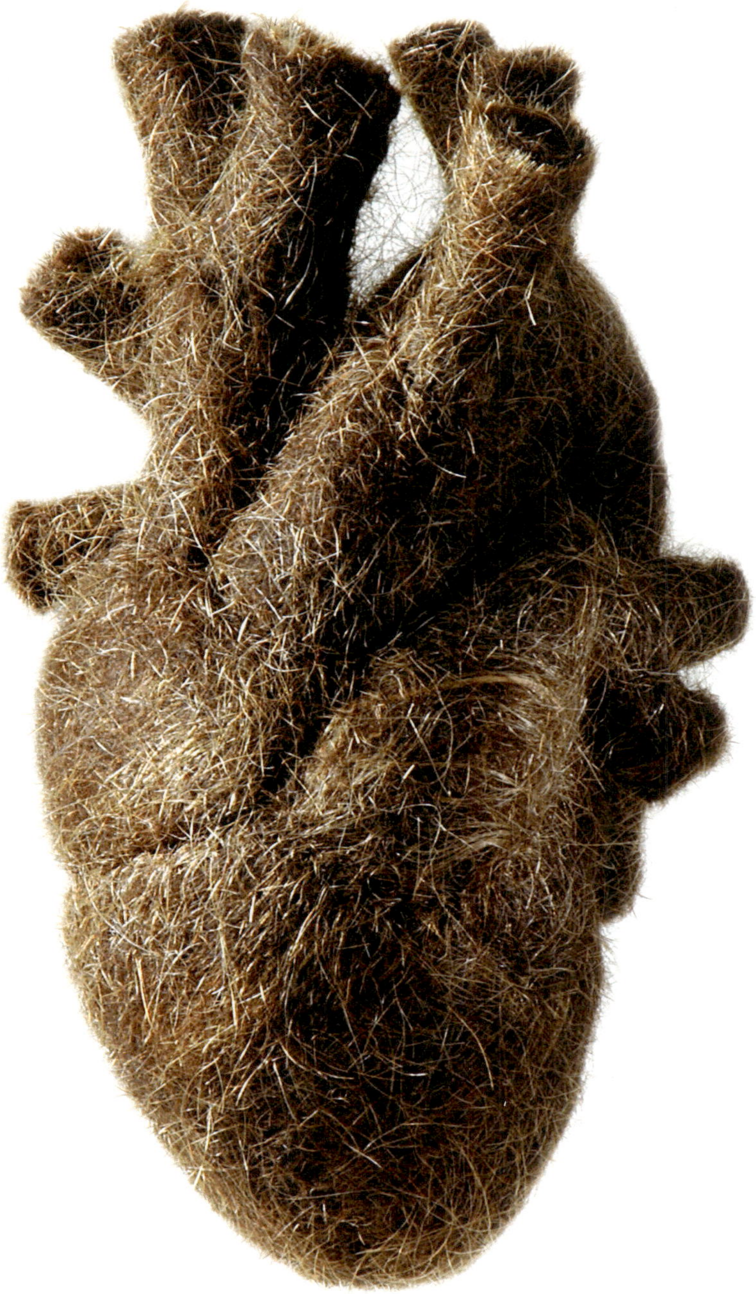

Wildes Herz, 2003

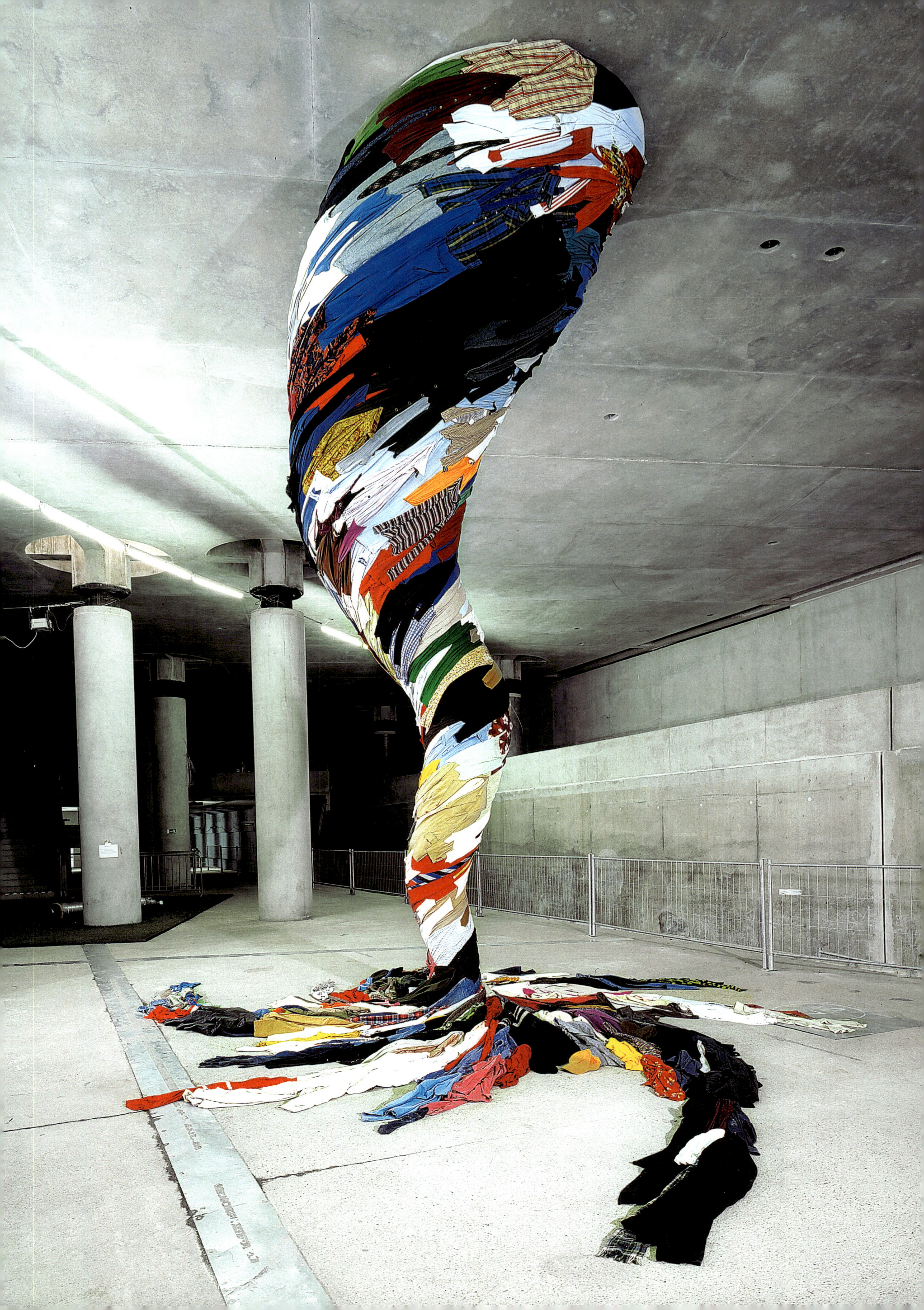

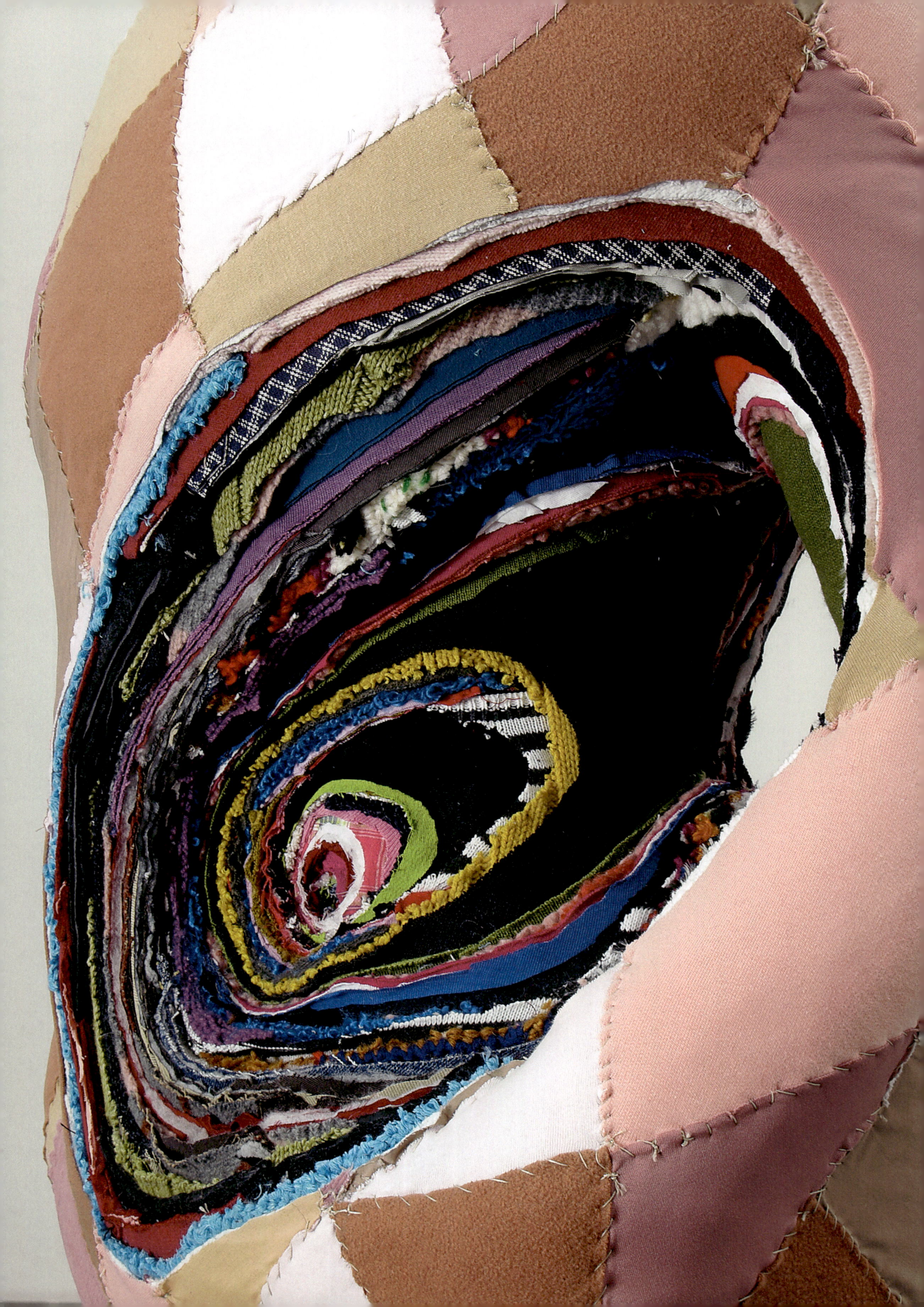

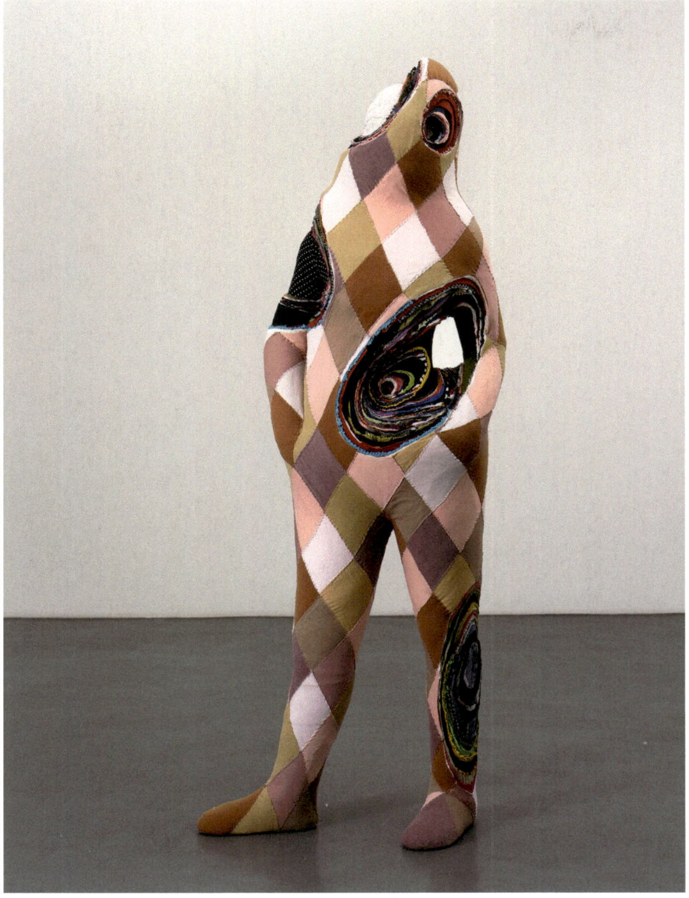

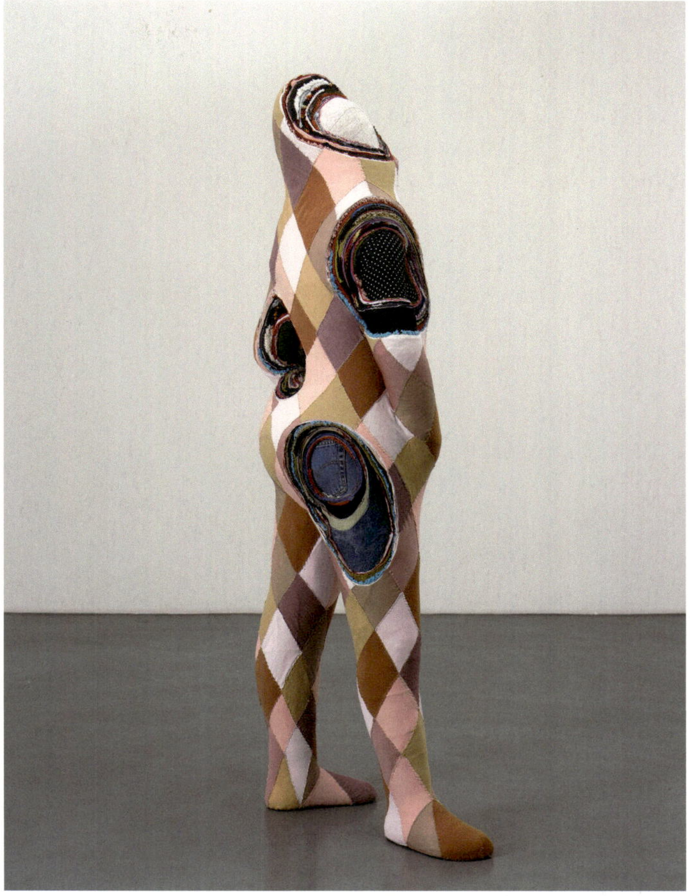

Olga, 2006/2007

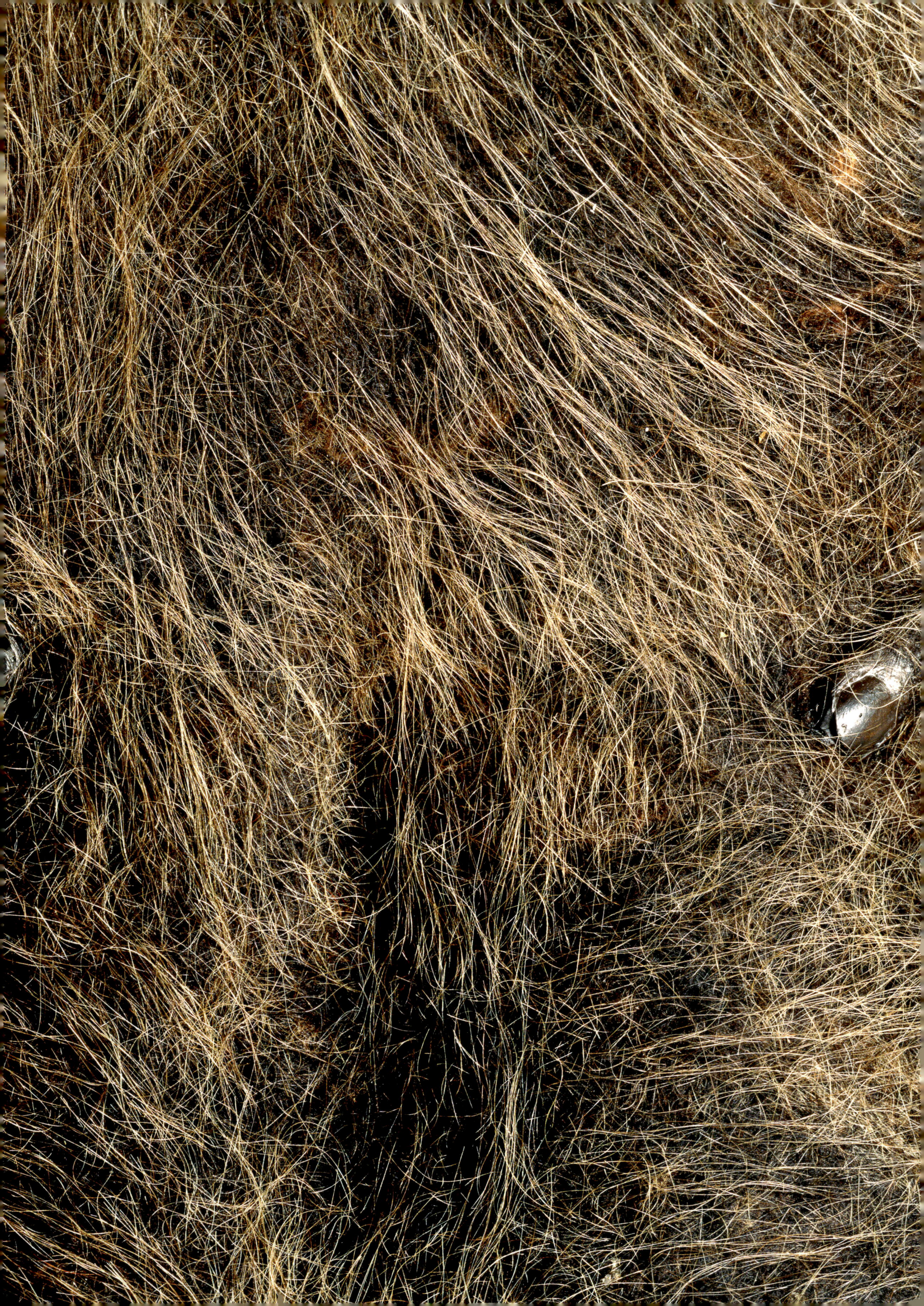

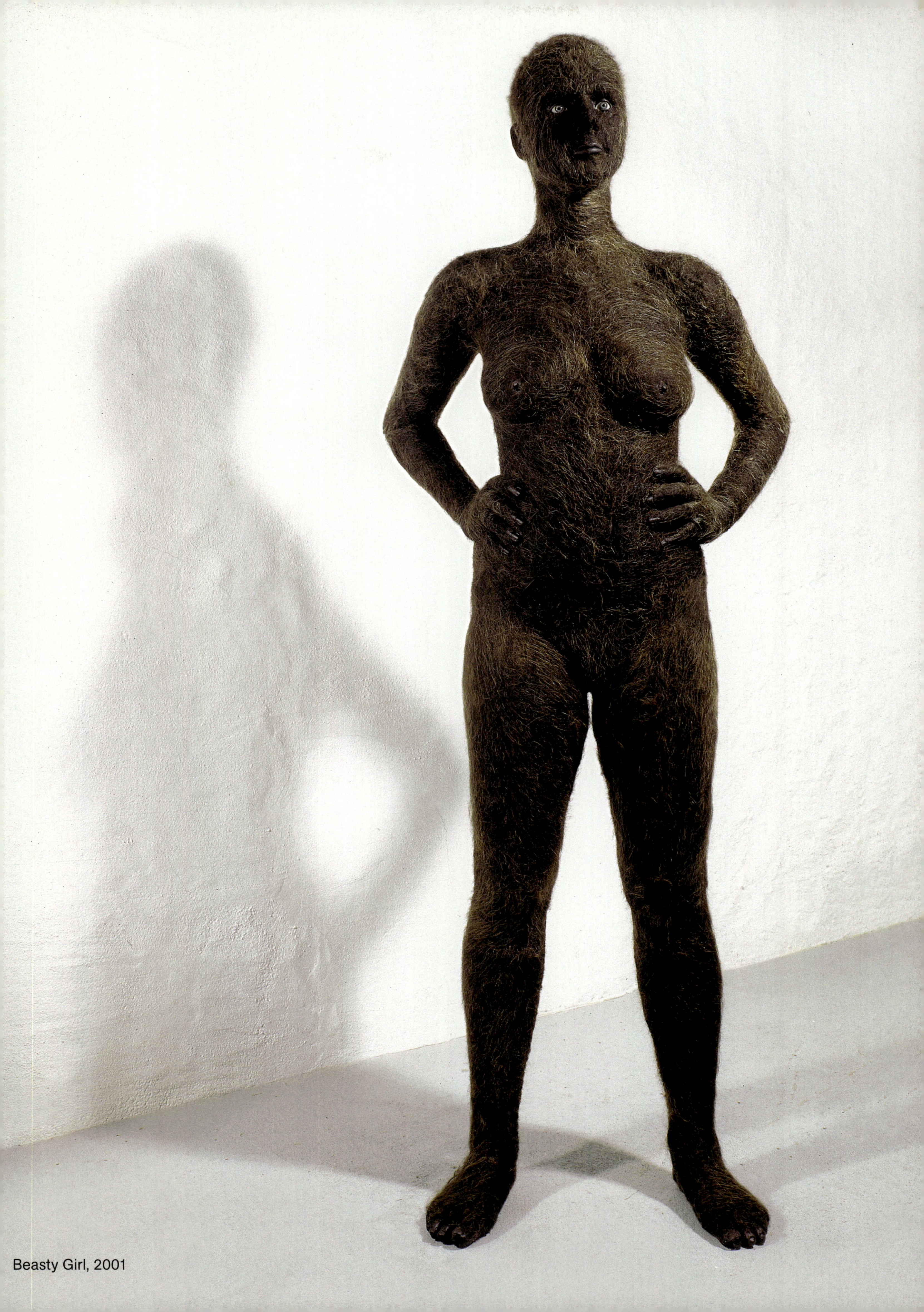

Beasty Girl, 2001

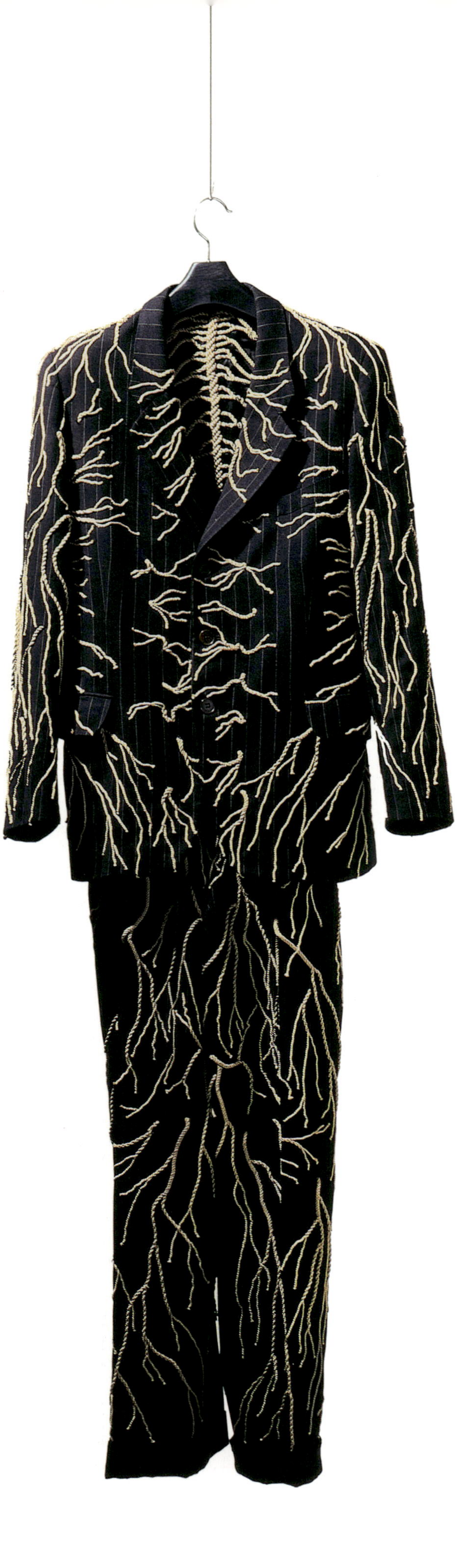

 Nervensache, 2003

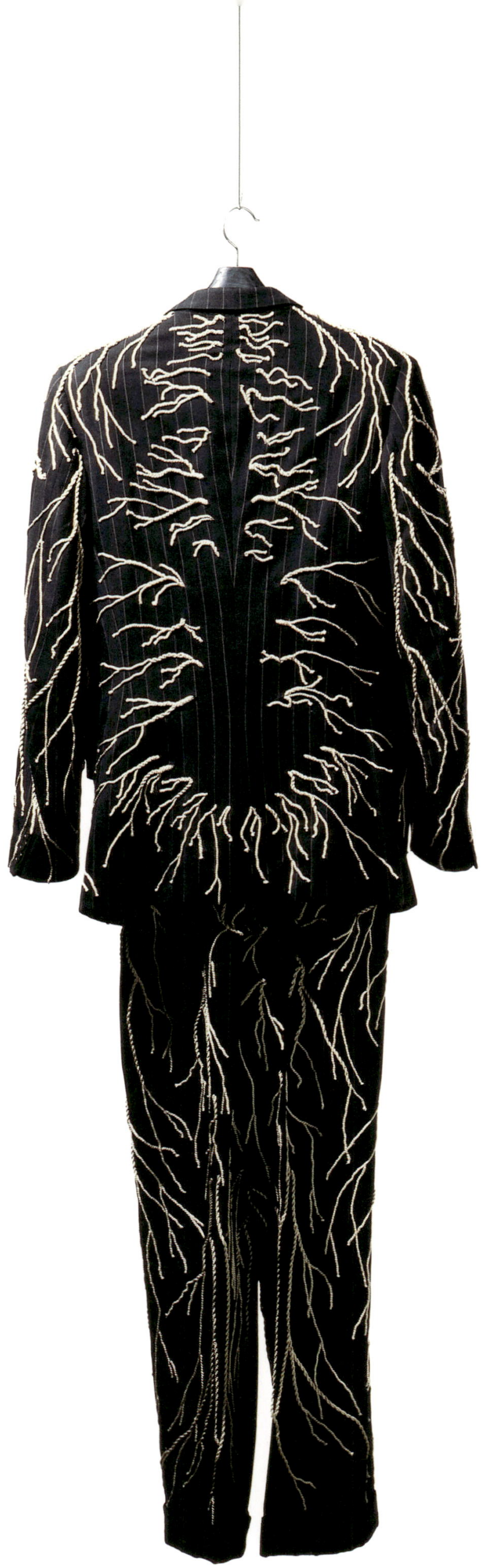

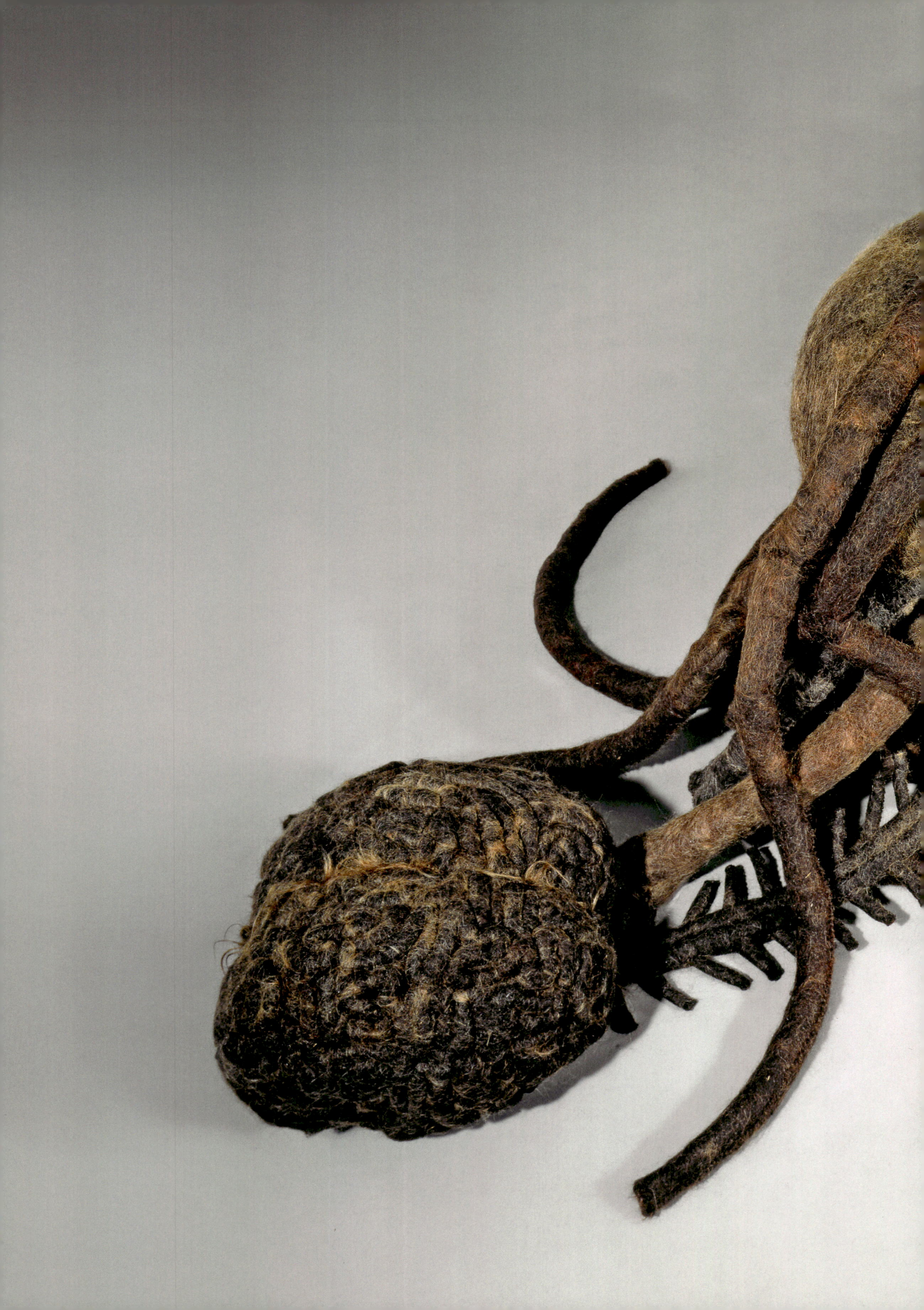

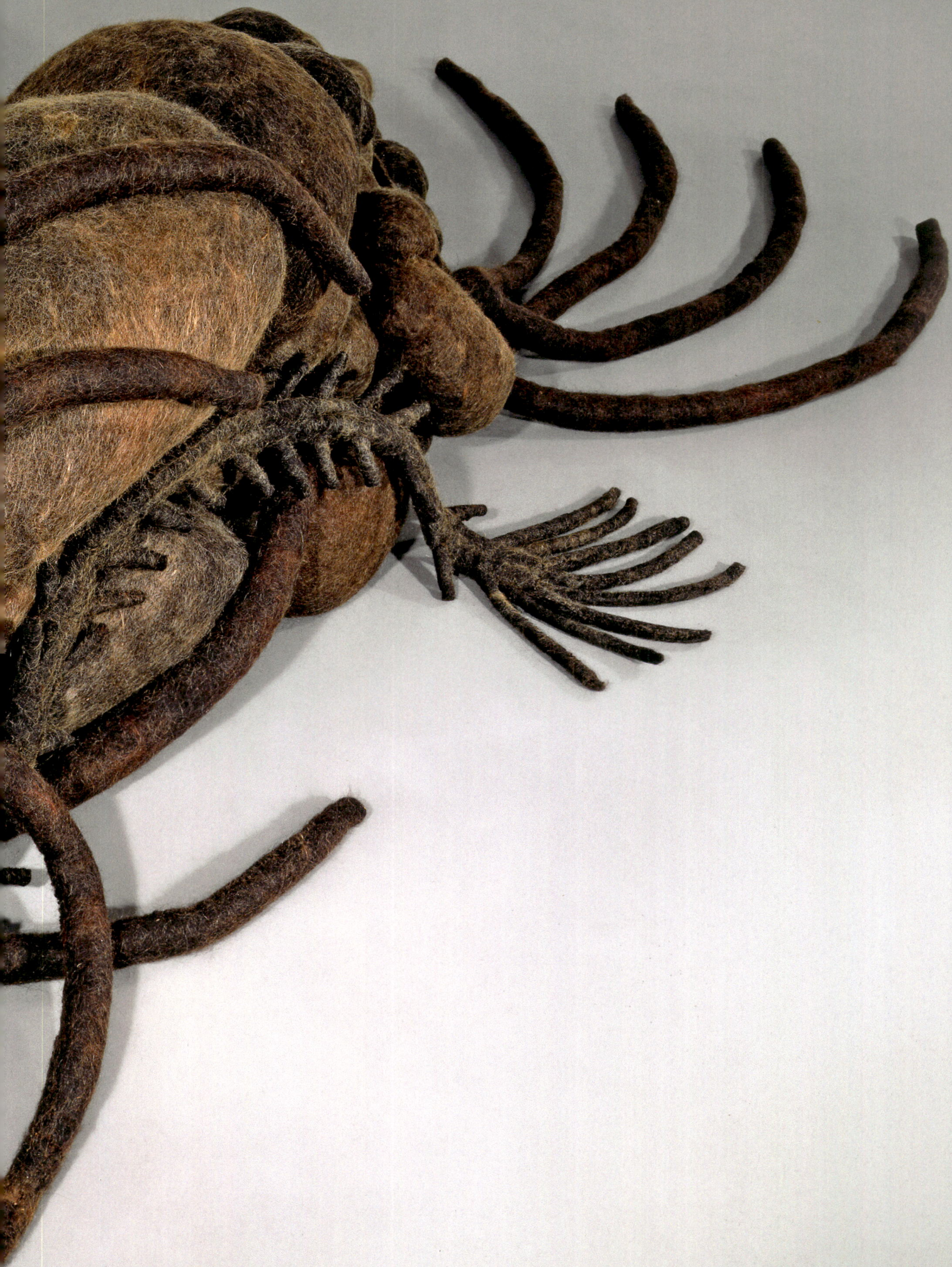

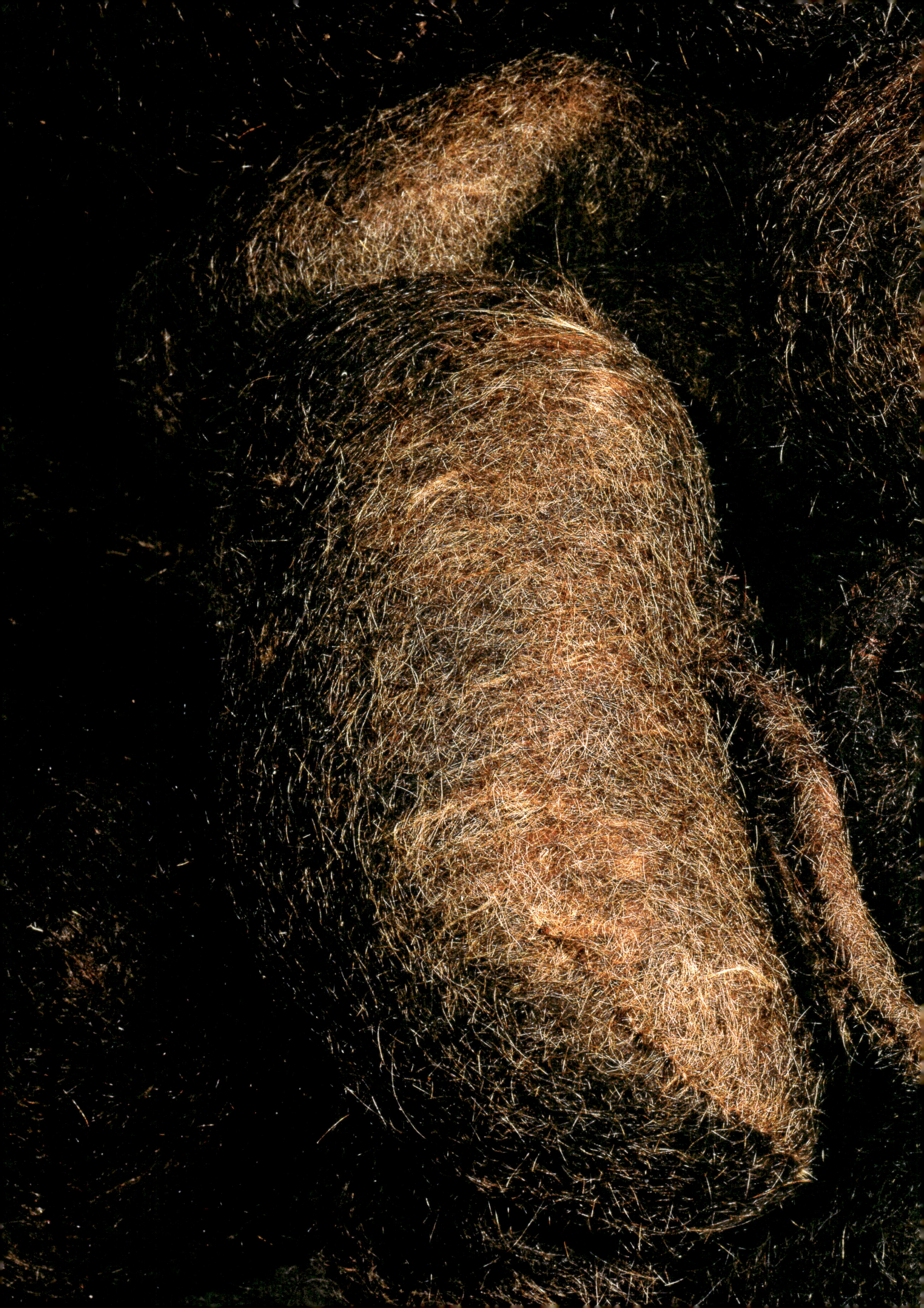

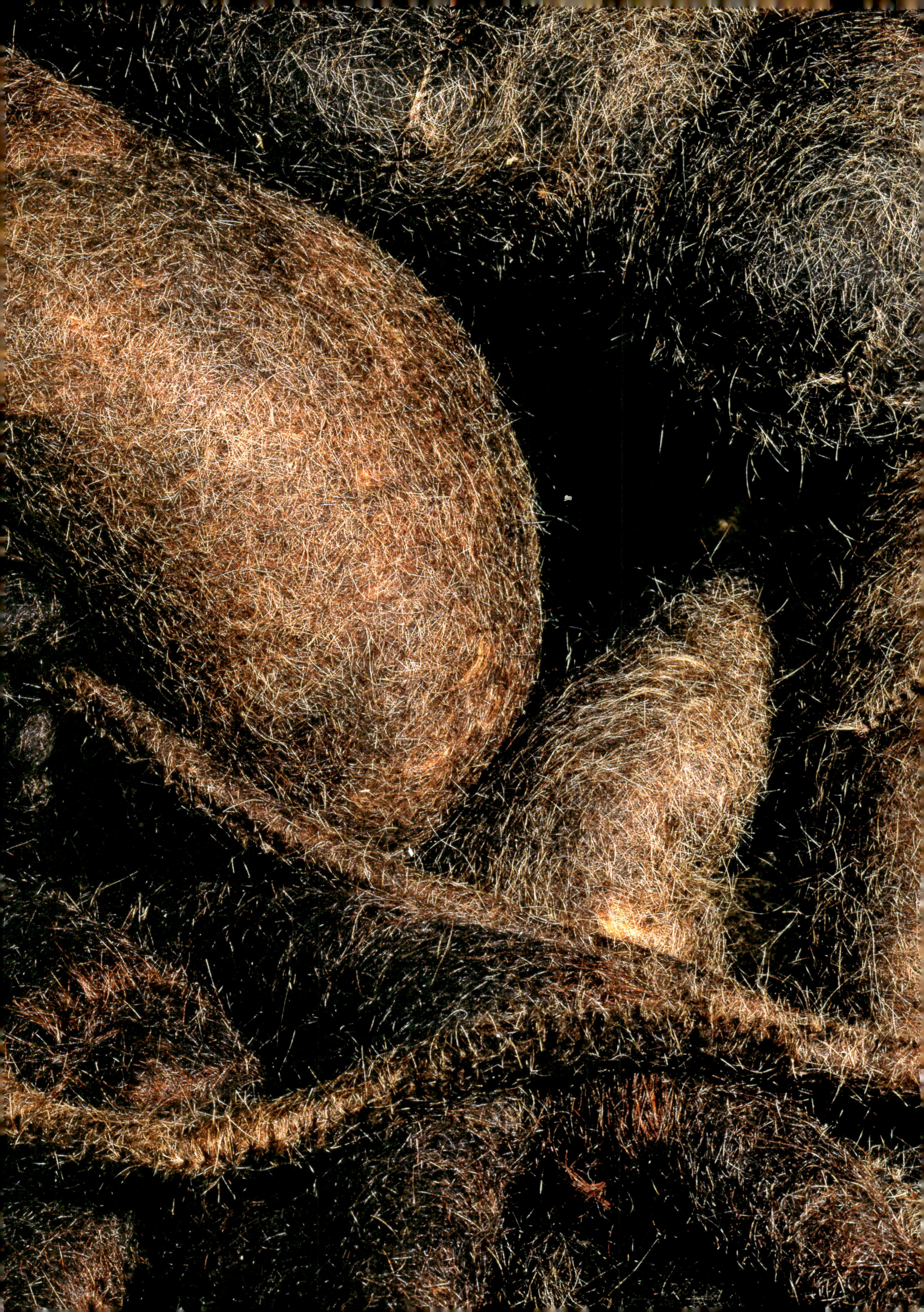

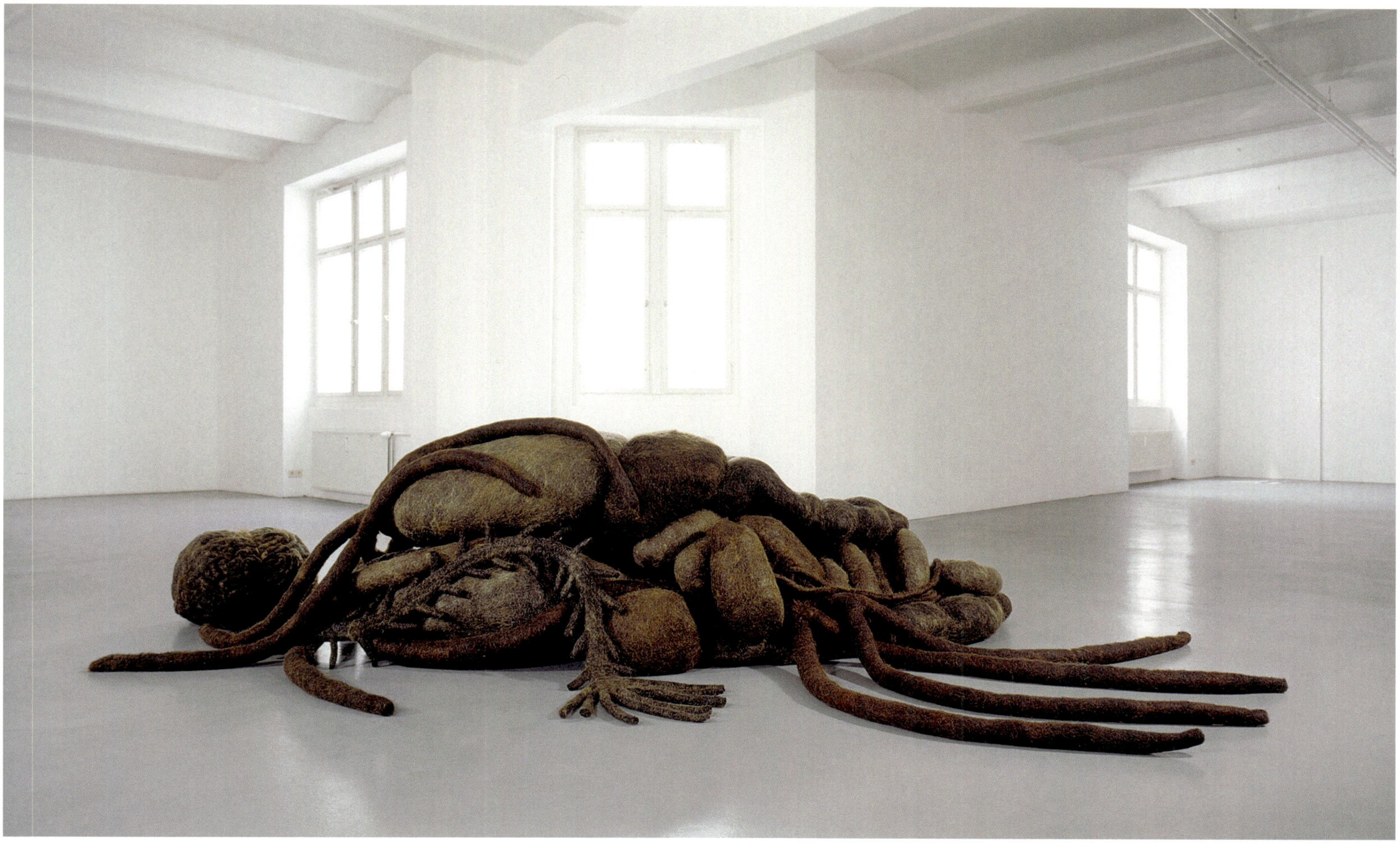

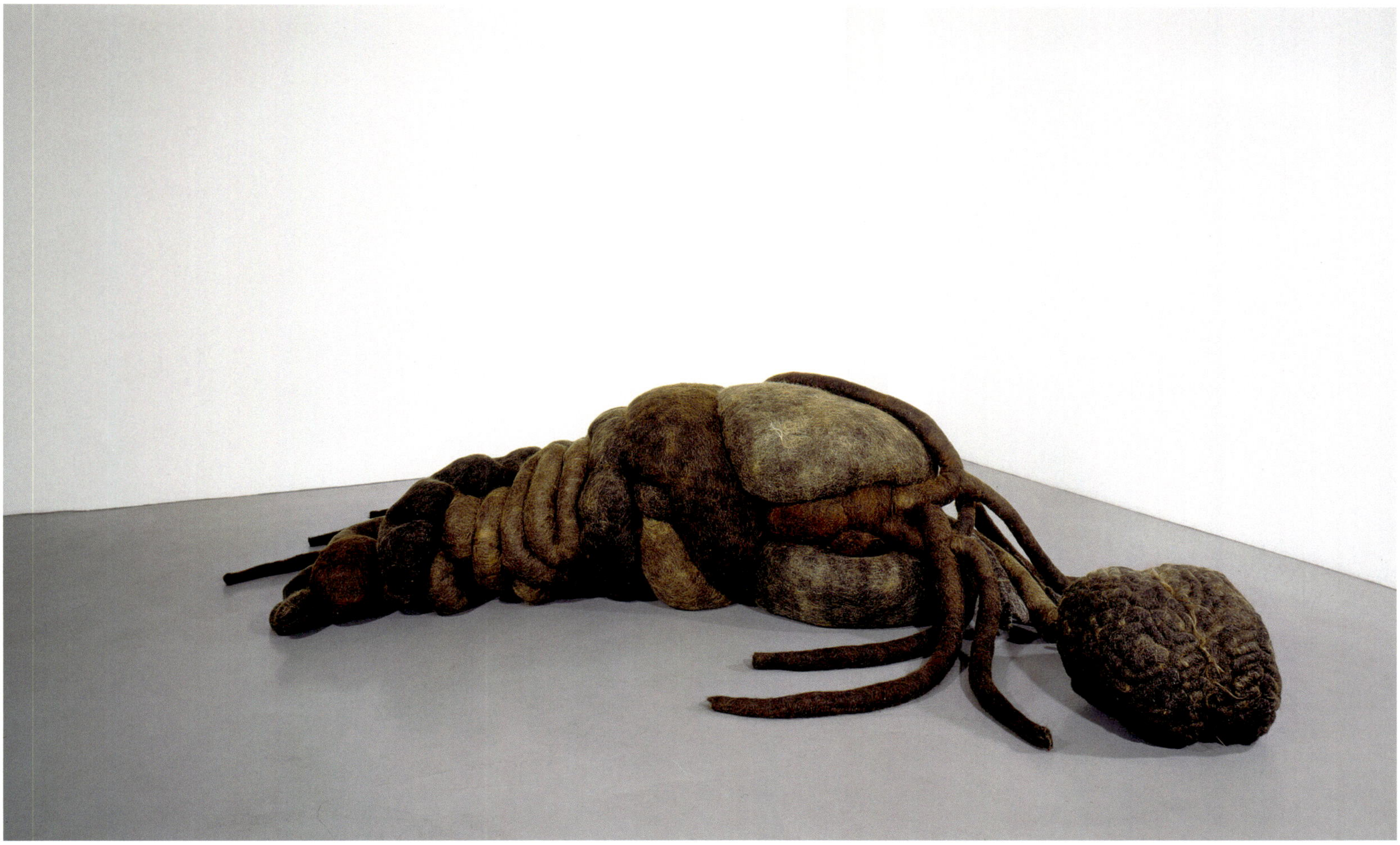

Innerer Schweinehund, 2003

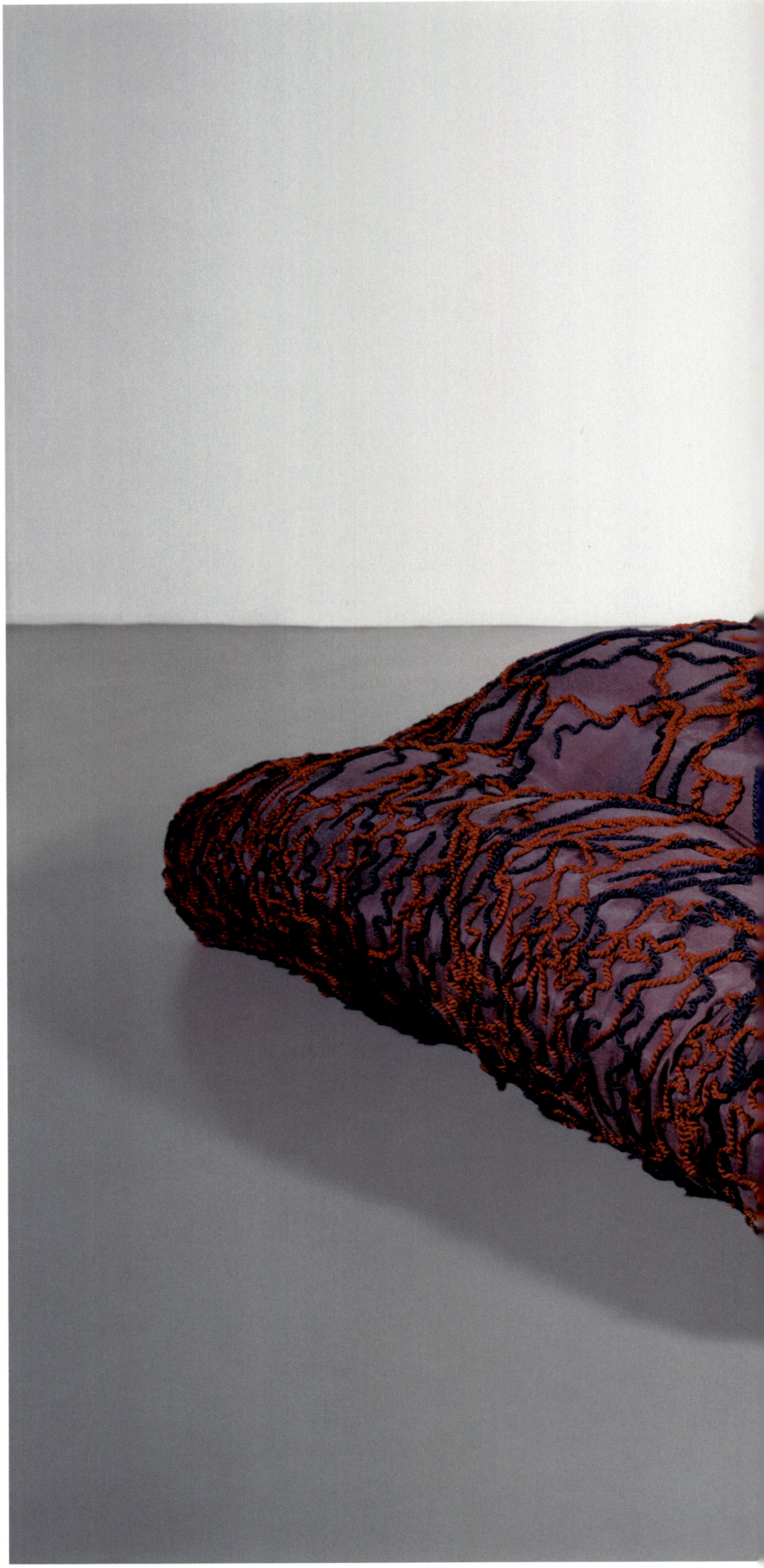

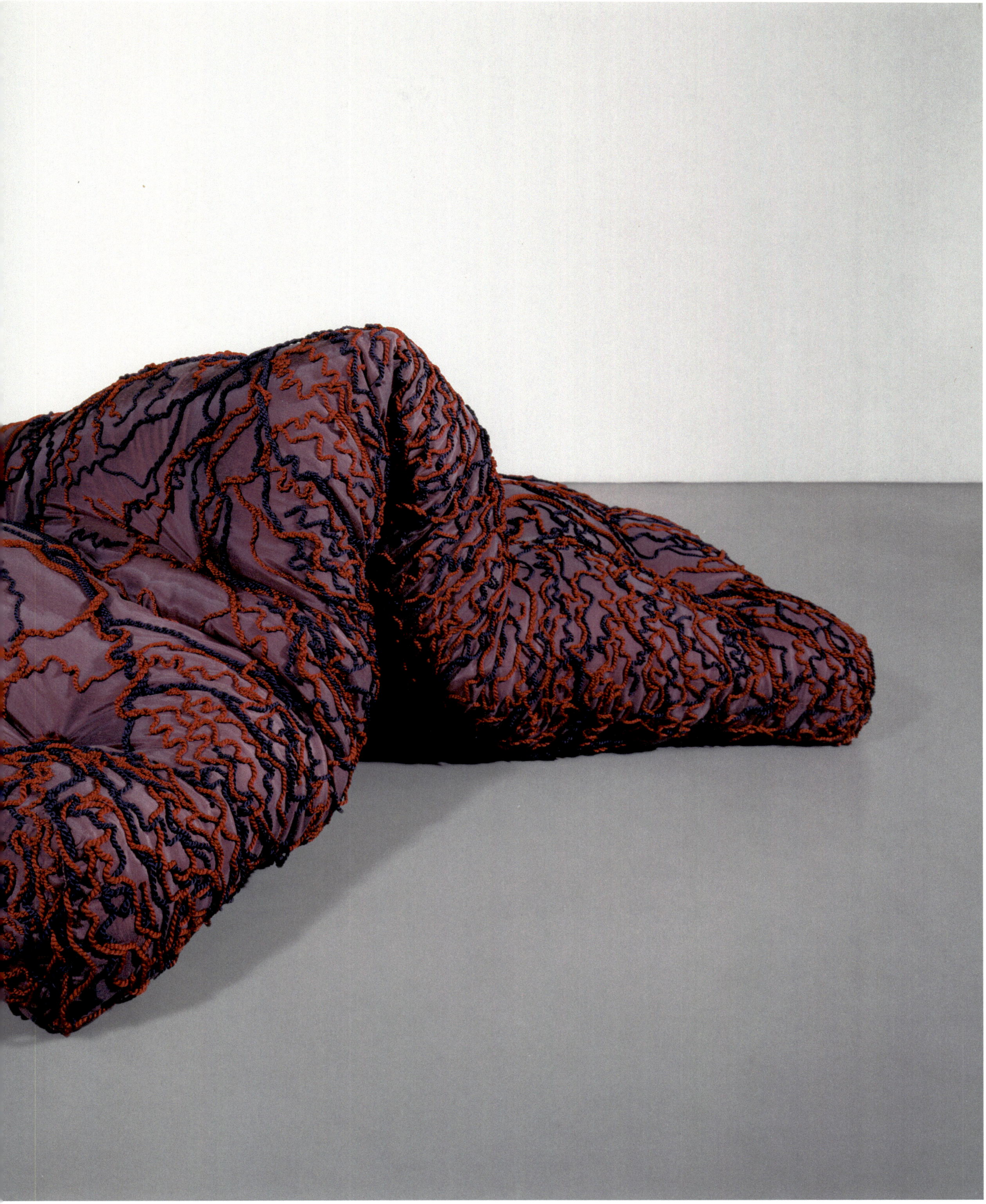

La petite mort, 2003

42 Bad Mummy, 2005

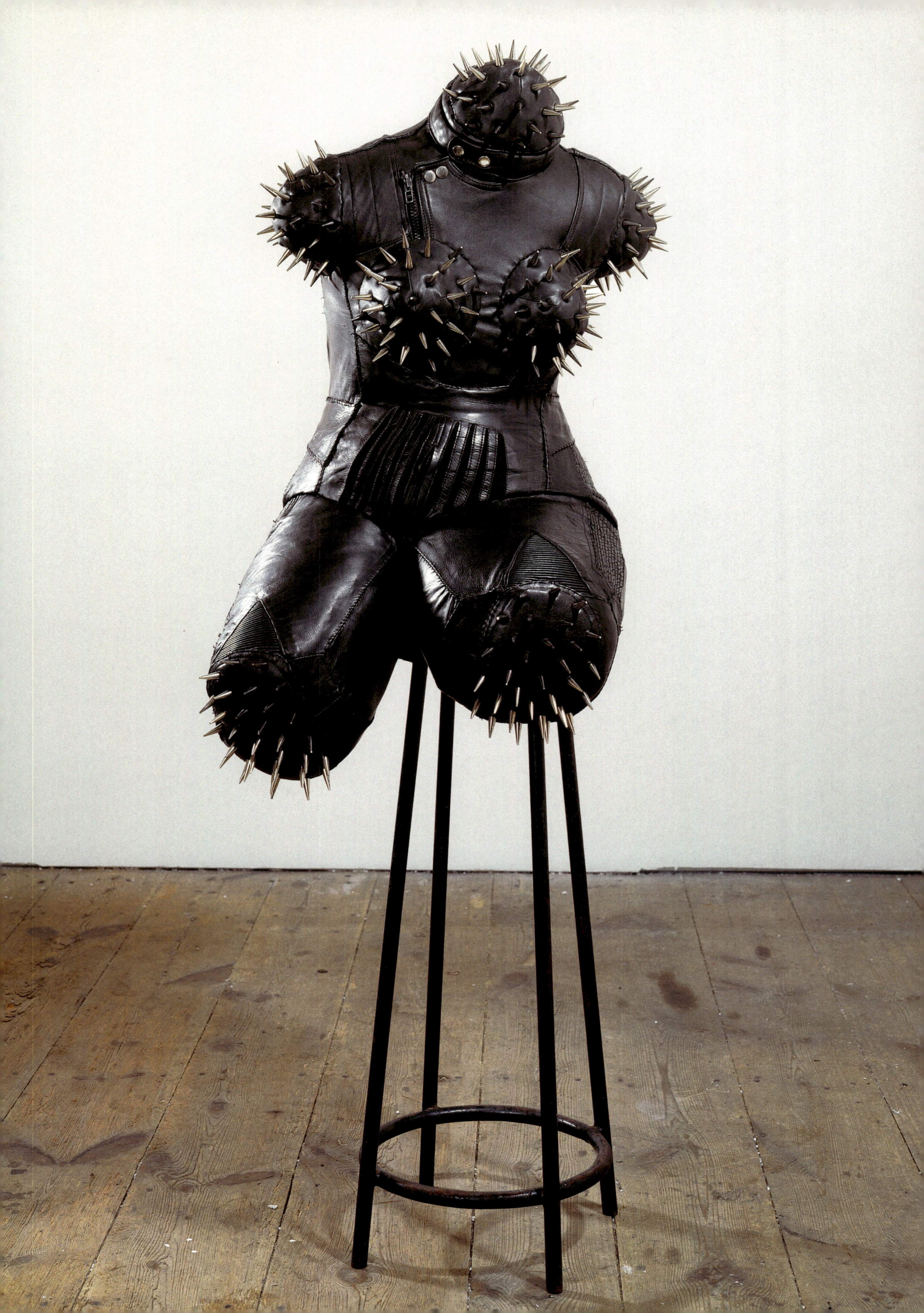

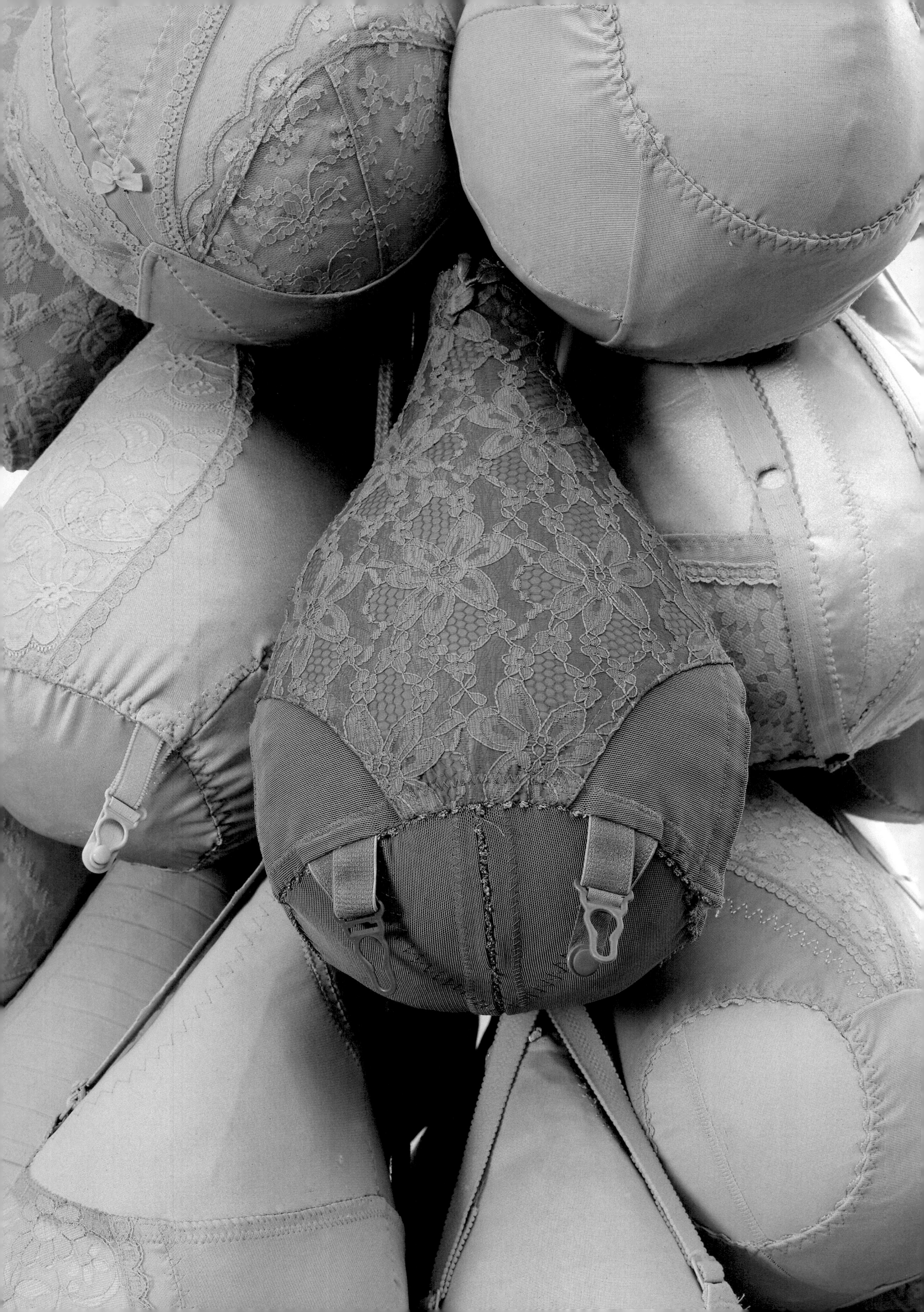

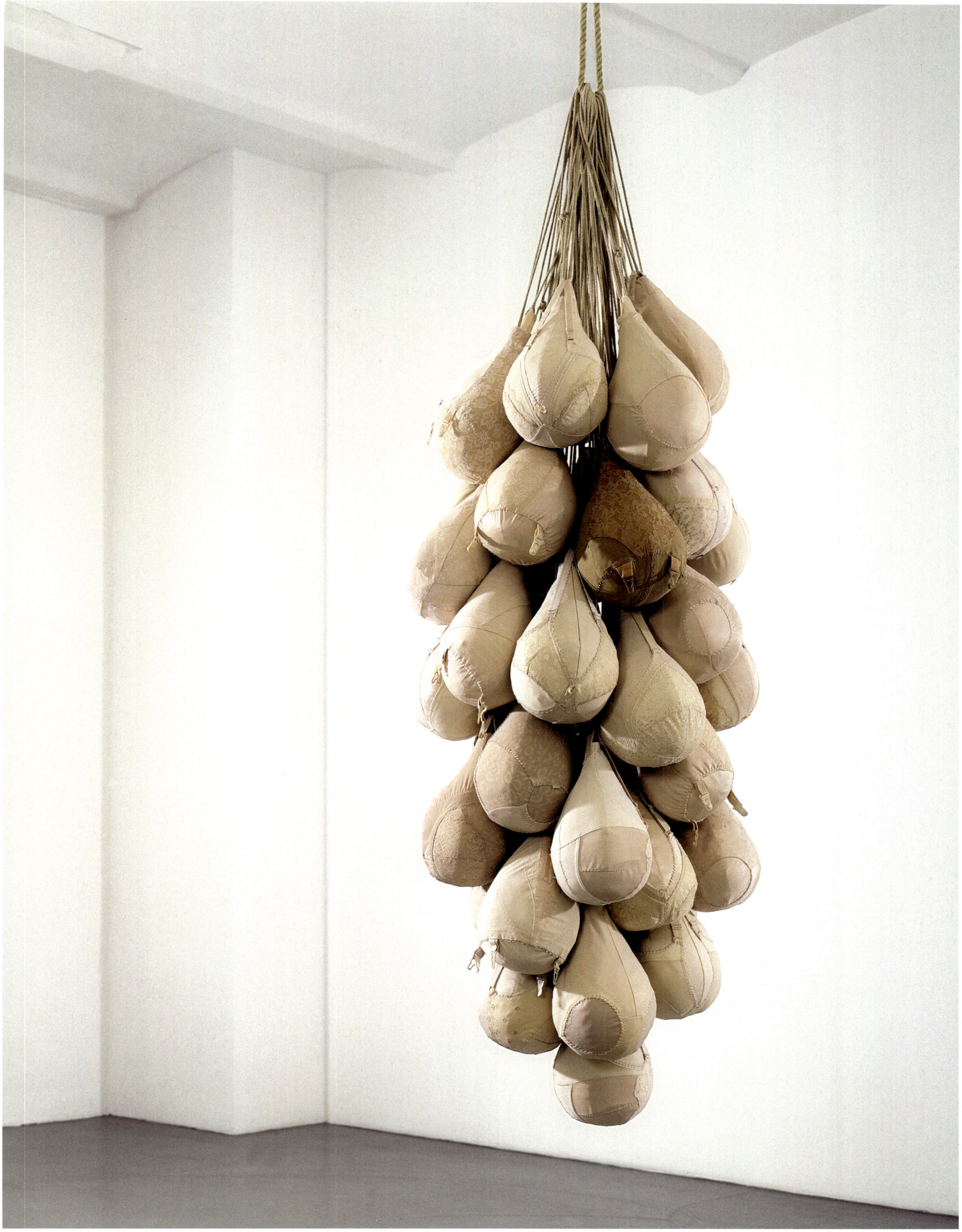

Triumph, 2005

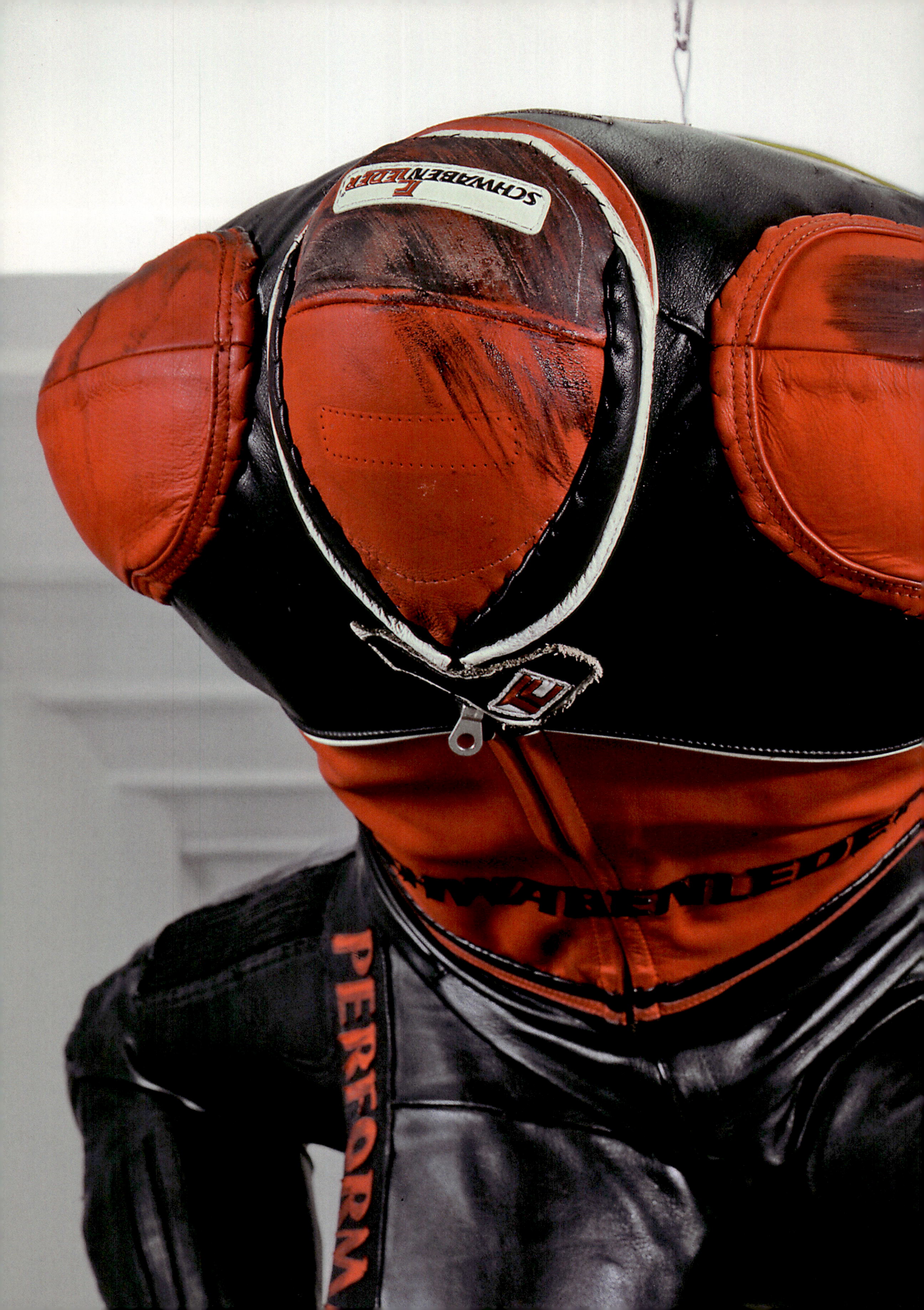
SCHWABENLEDER
PERFORM

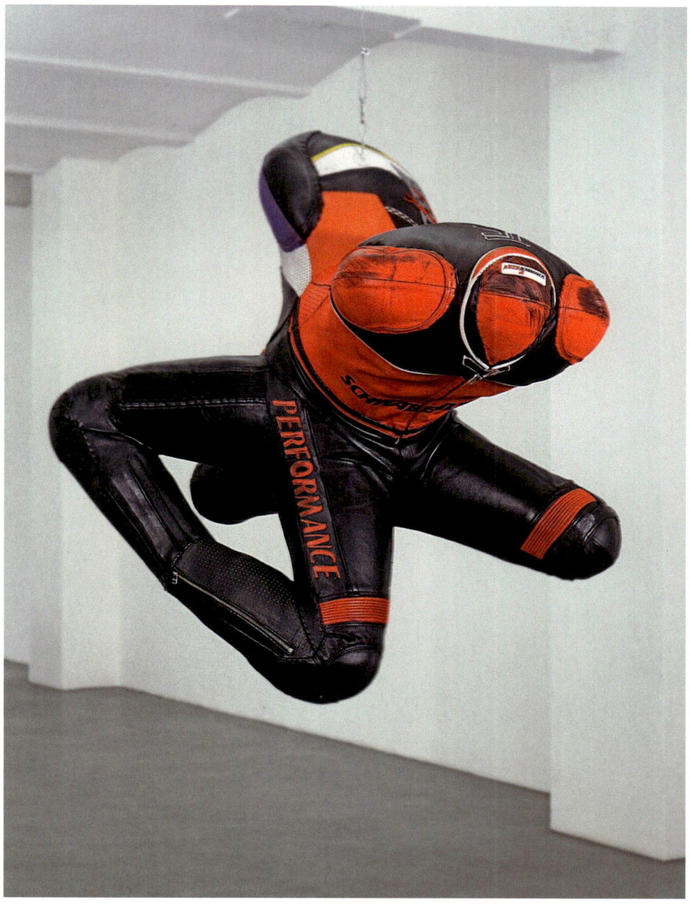

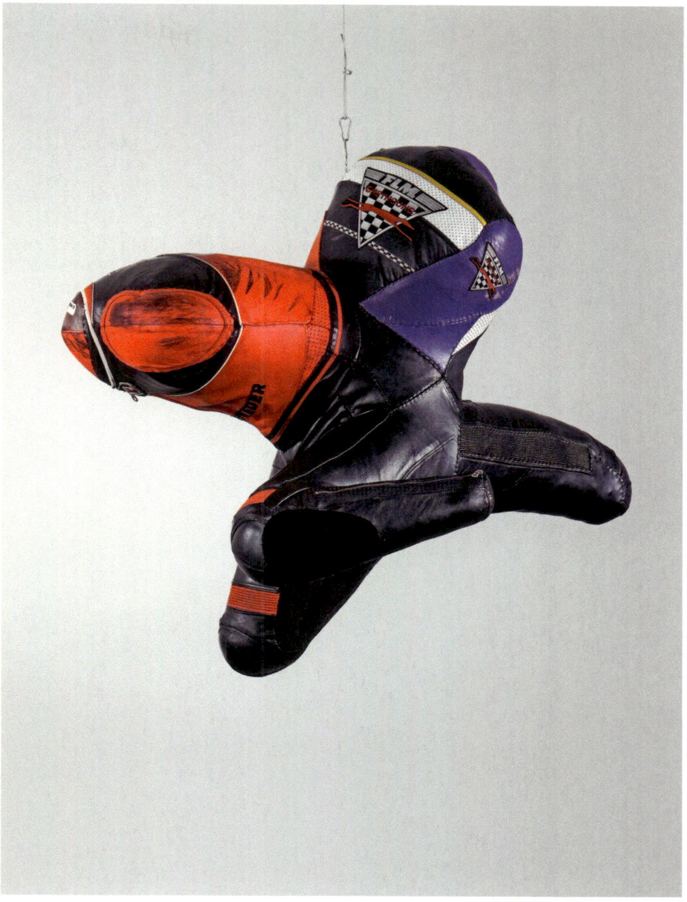

Mad Max, 2005

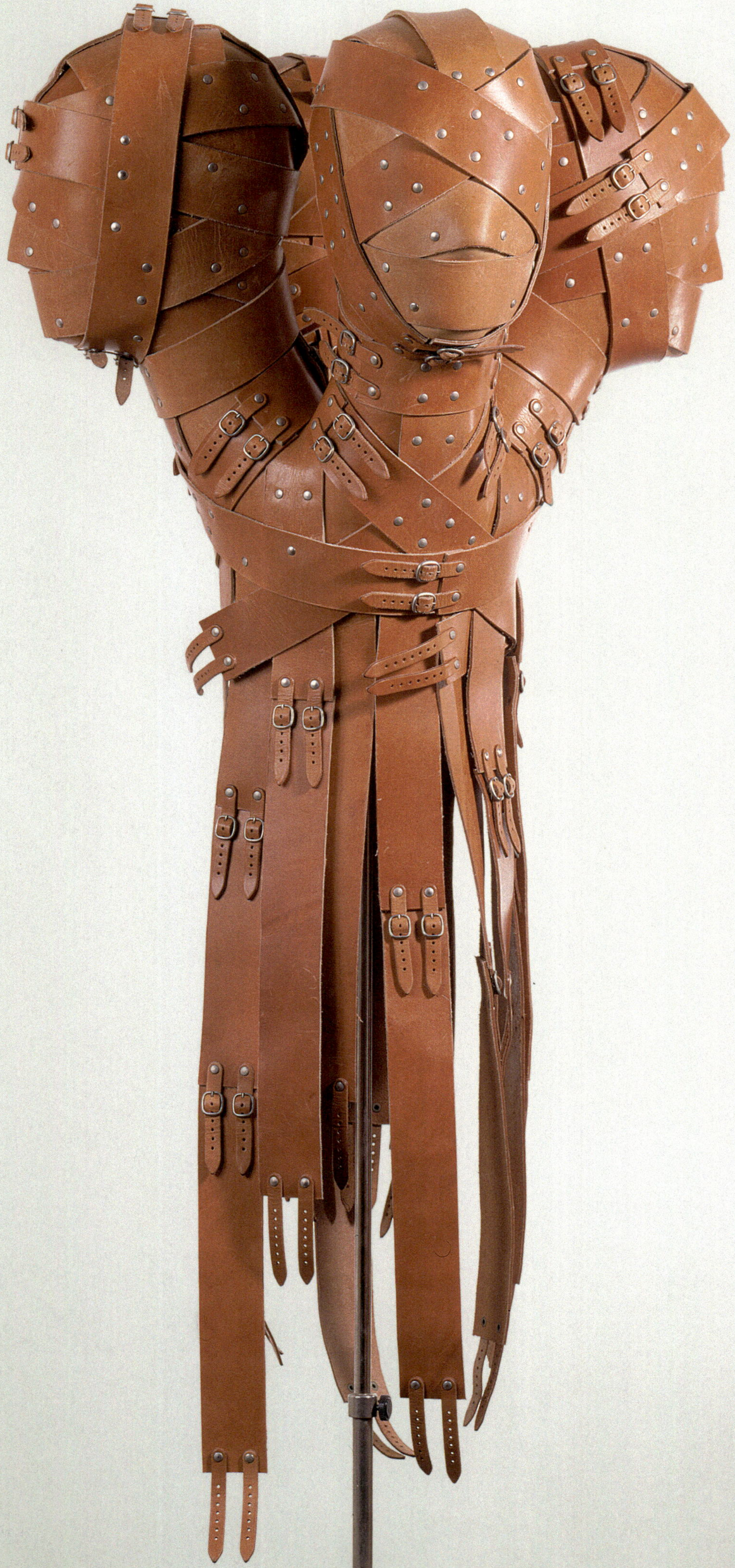

 Krone, 2004

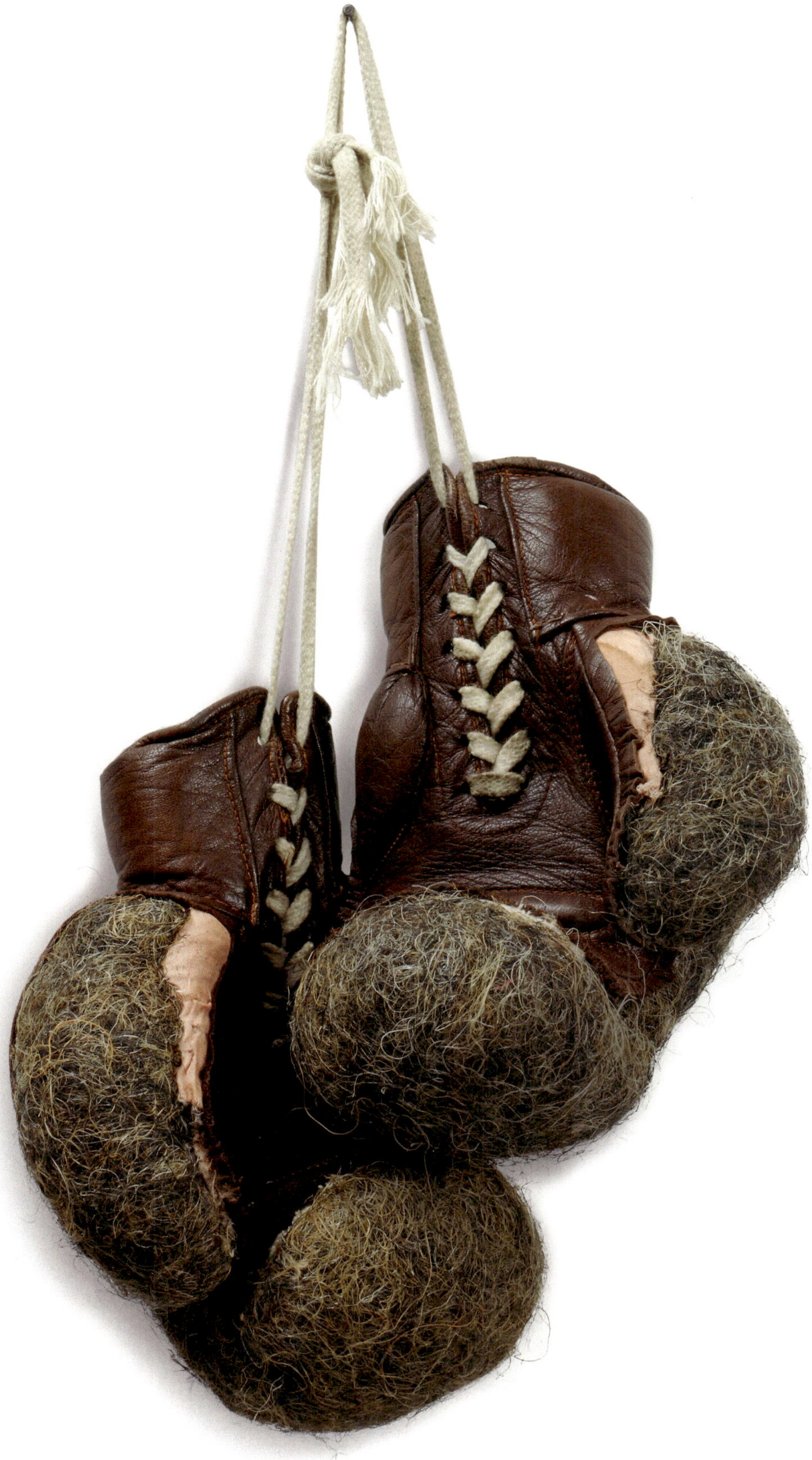

O.T. (Night of the Paw), 2010

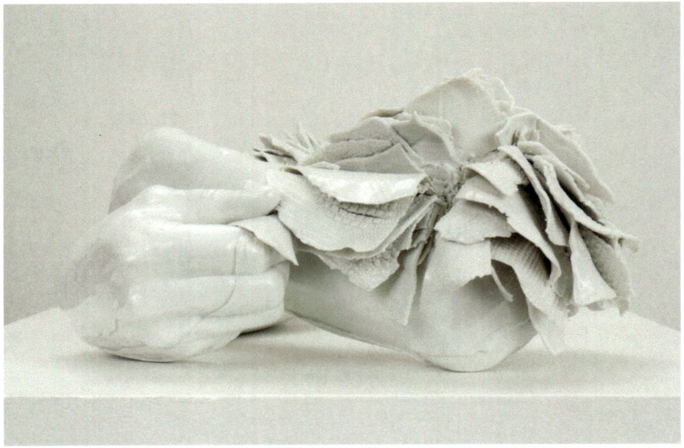

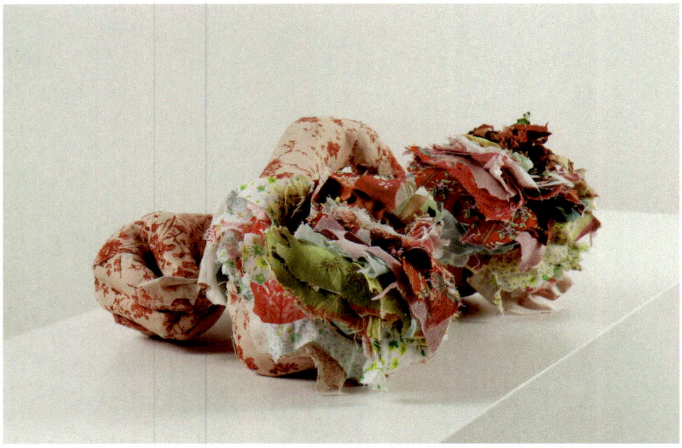

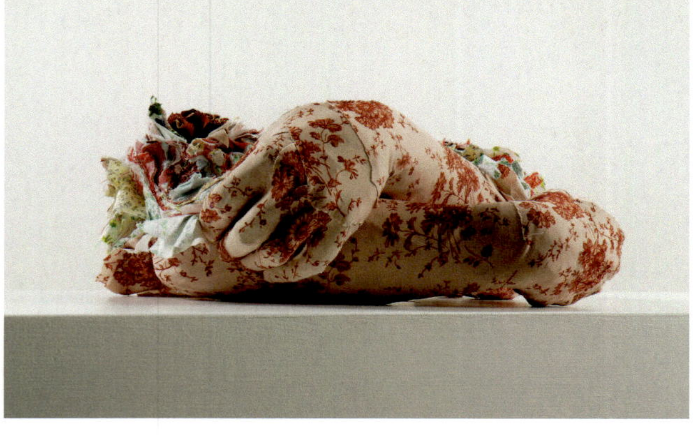

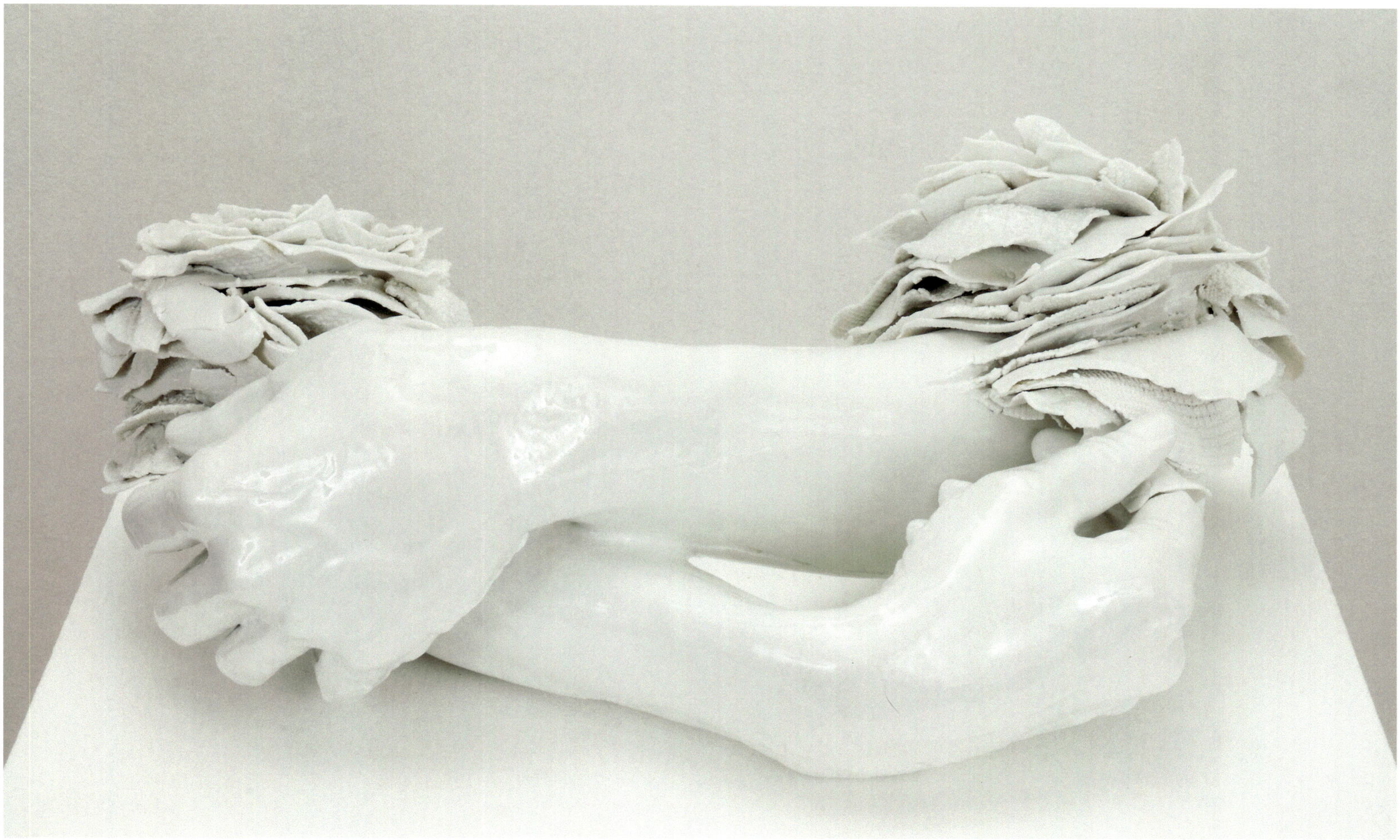

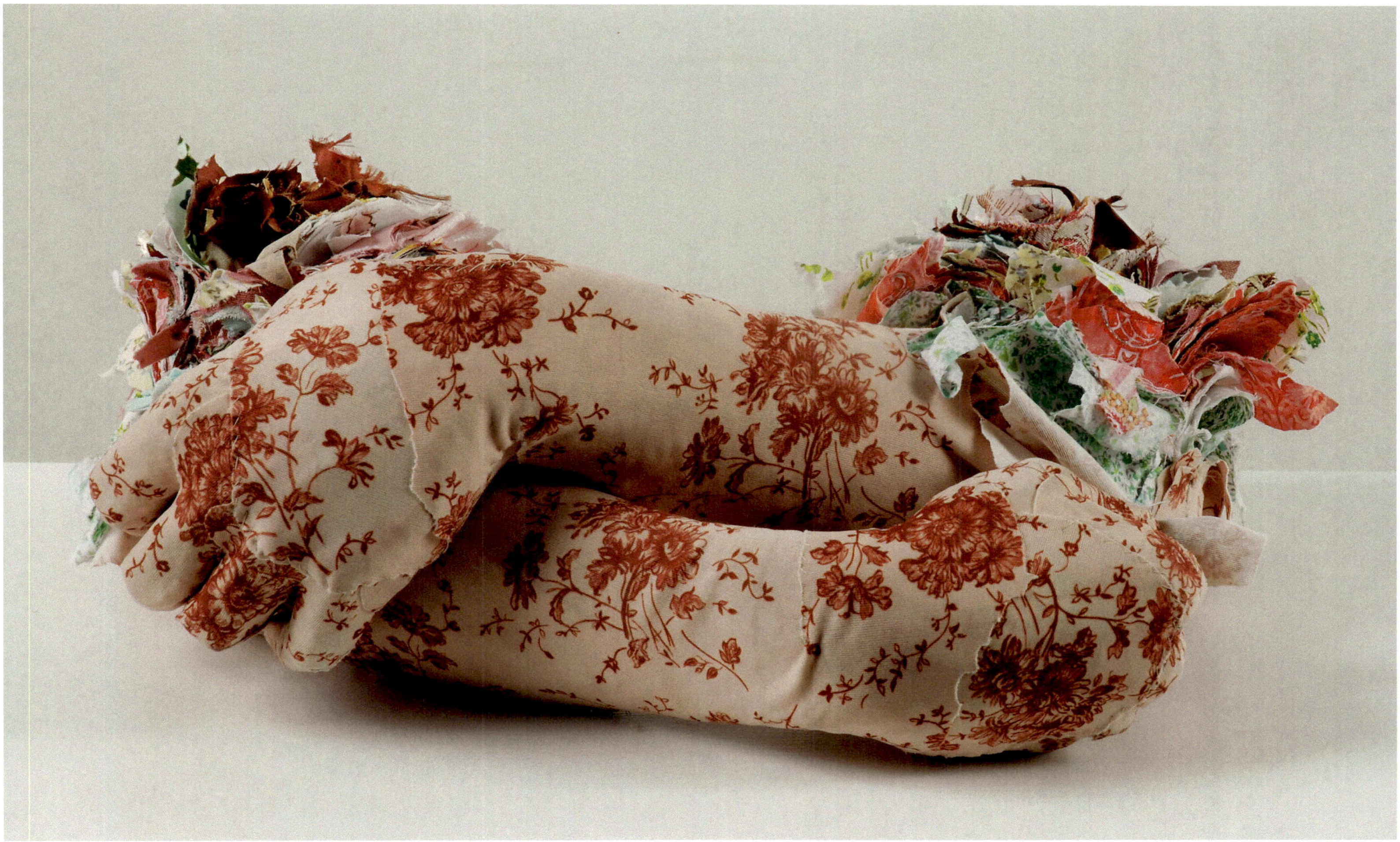

Arme, 2011

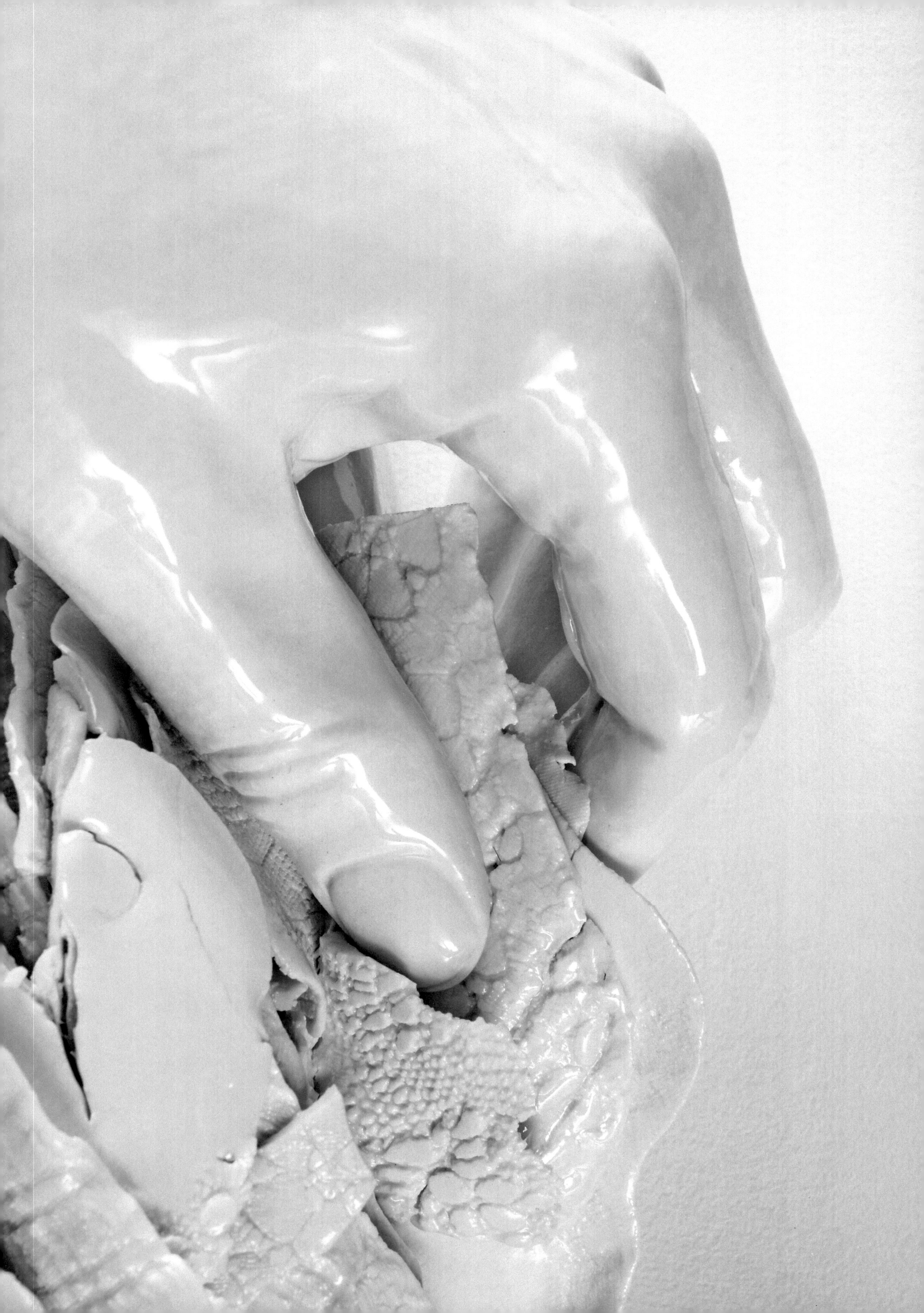

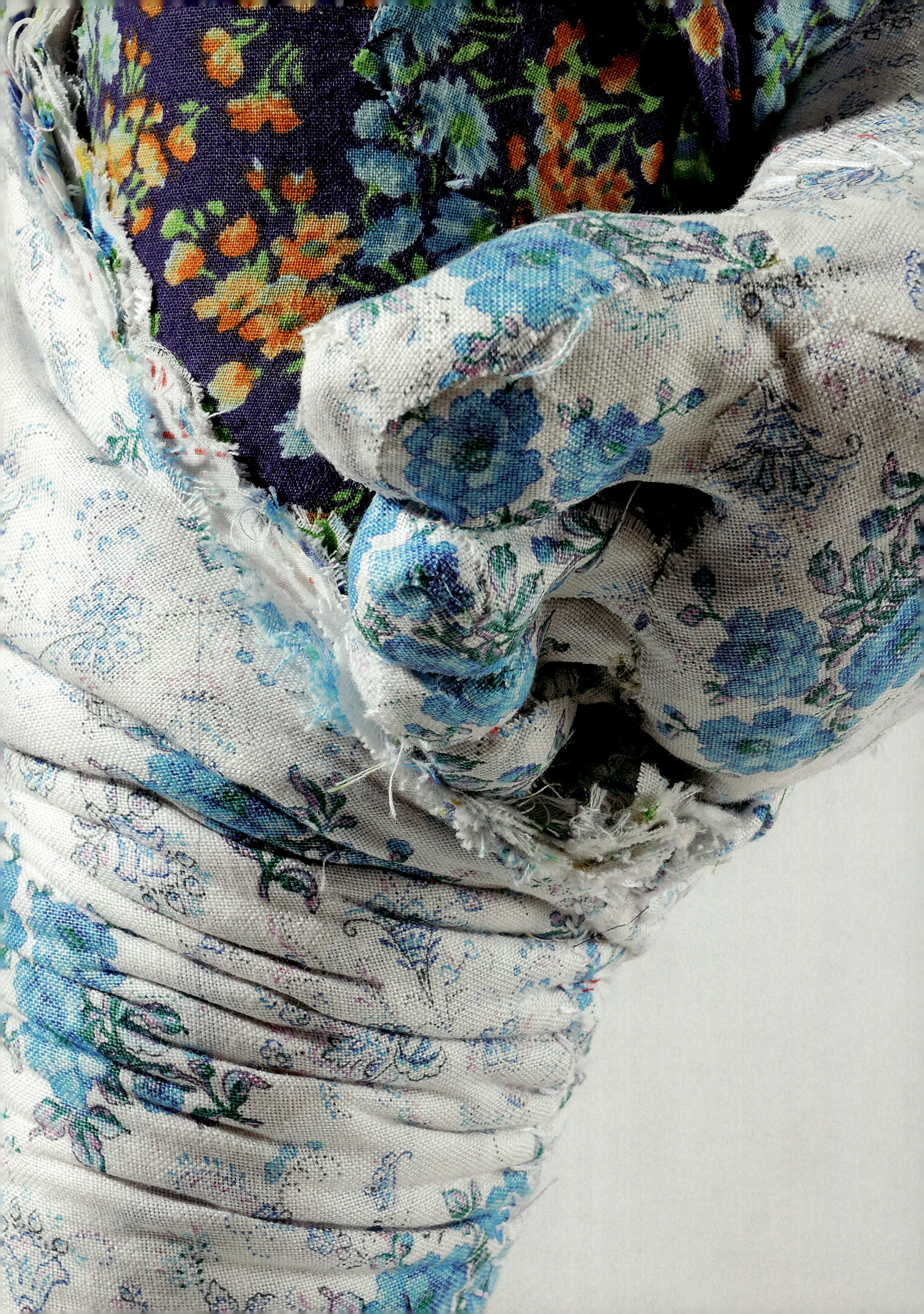

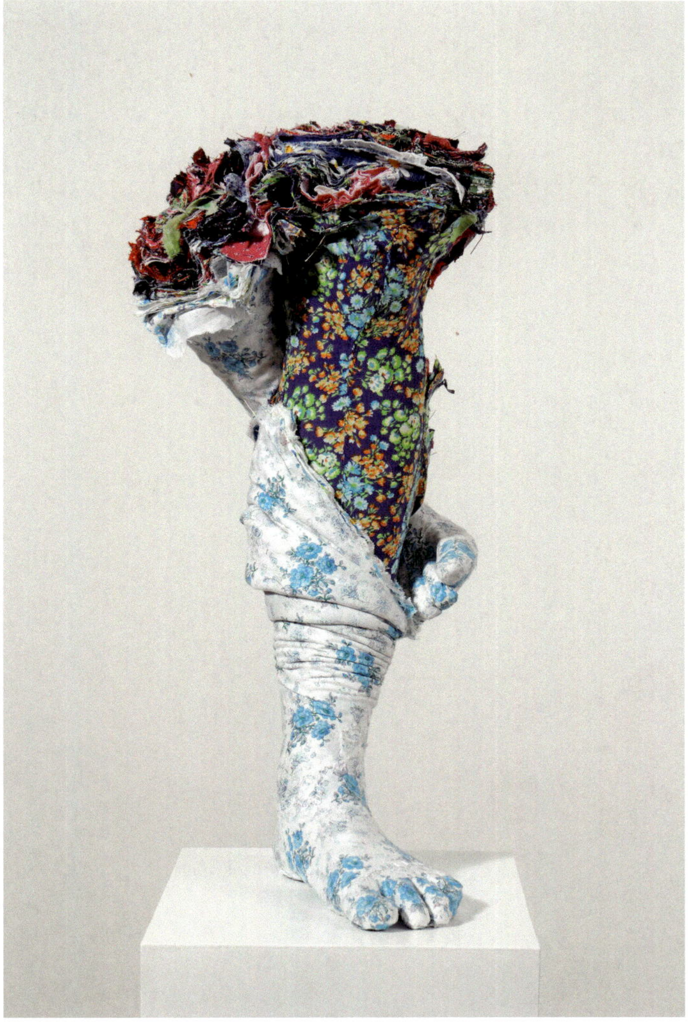

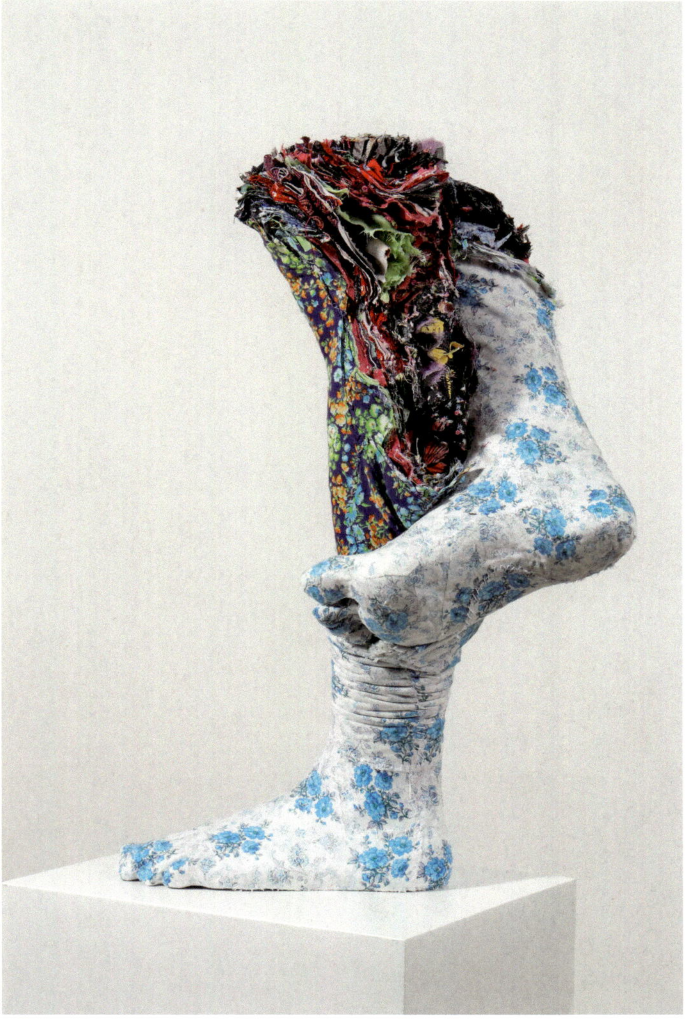

Wenn sie hustet, fühlt sich das so an, als würden ihre Lungen sich in ihr öffnen, als würden die winzigen Bläschen sich mit Blut füllen, und wenn sie die Augen schließt, scheint es ihr, sie kann sie sehen, rotgolden leuchtend, tief in ihr drin. Sie spürt es unter den Schulterblättern, unter der Haut, unterm Fleisch, dass es da drängt, herausdrängt aus ihr.
Auf den Platten aus Glas sind es tatsächlich Flügel, die dort in ihrem Körper liegen. Die nur der *Herr über die Strahlen* sehen kann, die nur sie beide sehen können, und es gefällt ihr nicht, dass der *Herr über die Strahlen* sie weitergibt, die Platten verteilt an die Ärzte, „ich sehe mein Herz, ich sehe meine Flügel", wie ein Kind hat sie das erste Mal geschrien, ein freudiges, überraschtes Schreien, das elektrische Brummen der Maschine, das blaugrün flackernde Licht dieser Strahlen im dunklen Raum, „ich sehe…".
Sie geht zur Bar, schreitet durch den Raum, diesen anderen Raum jetzt, schweigend. Nur Frauen um sie herum scheinbar, Frauen, die eine Gasse bilden, immer mehr Körper überblickt sie, die vor ihr zurückweichen, der schmale gewundene Weg zur Bar. Weil sie denkt, dass sie träumt, weil sie weiß, dass sie träumt, ist sie nicht verwundert, dass die Köpfe der Leiber sich verändern bei jedem ihrer Schritte. Sie spürt, dass die kleine Gestalt wieder neben ihr läuft. Wenn sie den Blick senkt, links meistens ist ihr kleiner buckliger Begleiter, kann sie ihn sehen, aber das muss sie gar nicht, will sie gar nicht. *Zinnober* nennt sie ihn, eine trichterförmige bunte kreiselnde Öffnung statt Augen mitten im Gesicht. Ein Märchen, das jemand ihr vorgelesen hat, als sie noch ein Kind war. Klein Zaches, genannt Zinnober. *Meine Mutter?* Es ist eine Lüge, denkt sie, dass in den Träumen die Farben verschwinden, wie das nachts manchmal passiert. Es ist ein Lüge, dass man sich dort, im Schlaf, nicht erinnern kann, an die Dinge, die *Draußen* sind, an Räume, an Bars, an Menschen, an die Geräusche, an Lichter, an die Straßen, in denen man länger stehengeblieben ist, weil man nicht allein war, Hauswände, die nach Erde riechen, an richtigen Quatsch und dumme Spiele, an die Seen, *weil ich doch so gerne bade*, die großen Wannen in den großen Hotels, und wie die Fliesen sich anfühlten, wenn du mit deinen Fingern drüber gelaufen bist… Badevorhänge, feuchte Kanapees.
Oben ist dann manchmal umgedreht, sie blickt mit gesenktem Kopf, den Hals vorgestreckt, *der wird ja immer länger,* auf die leuchtenden Platten, und will, dass das kein anderer sehen kann, Inneres, und weiß, dass das nicht so ist. Die Knochen, die Beinknochen, sind so schmal und dünn und lang. Ein Schritt nach links, ein Schritt weg von dieser Seite, sich eindrehen, Streichholzmännchen, „Musik, Musik, gebt mir blaue Noten!", Kastanienmenschen, stille Bewegung.
Ich will nie wieder liegen. Wer hat das nur zu ihr gesagt? Ihre Mutter? Nein. Eine der Frauen in der langgezogenen schmalen Straße, die vom Hackeschen

Markt sich wegbewegt? Sich eindrehen, sich um einen Baum winden. Das hat sie als Kind oft getan. Sich dort nach oben winden. Zu einem Band seltsamer Farben werden. *Ich hatte mir vorher ein kleines Schutzprogramm verordnet: Guck dir das genau an – macht dir irgendwas Probleme? Kriegst du Pickel? Ist dir was unangenehm? Möchtest du eigentlich weg?* Blue Notes. Ich war immer ein fröhliches Kind. *Was die Leute immer so denken, dass es einem schlecht gehen muss, deswegen, undsoweiter, das ist doch Unsinn.*
Und wenn du so stehst, die Beine sind doch schon eine Art nach unten gerichtete Plattform, fühlst du doch schon eine gewisse Kraft, nicht wahr?
Sie kann diese Platten, hinter oder vor denen das Licht die Bilder bündelt, nicht transportieren, selbst in ihrem Schlaf nicht, dort, hinter der Barriere. Man möchte die strahlenden Platten manchmal vor die Leute wuchten. Traum ist ein sehr seltsames Wort. *Seltsam* ist auch ein komisches Wort. So *unpräzise.* Aber *das* ist ja nun das komischste von allen Worten. Weil man da doch irgendwann und irgendwo an seine Grenzen undsoweiter. Schritt für Schritt bewegt sie sich zwischen den Leibern der anwesenden Frauen hindurch Richtung Bar. Ein Tresen am Ende der Welt. *Begrabt mich hinter der Theke.* Aber das hat jemand gesagt, weit von ihr weg, in der Zukunft, „everybody loves somebody sometime“, Wurmlöcher, trichterförmig durch Raum und Zeit und Körper, trichterförmig wie so... Blumen, die sich in Kegeln öffnen. Dean Martins Gesicht verpuppt sich. Verschwindet in den eigenen Falten. Da kommen die Leute und bedrängen sie. „Ach, ach, ach... Bluuumen.“ *Glotzt nicht so gefühlig.* Wenn ich nur nicht so müde wäre.
Hineinzuschauen, Hinauszuschauen. Es ist eine Lüge, dass man im Schlaf keine Erinnerungen an *Draußen* hat. *Dass ich immer davon träume, mir das immer vorstelle, dass ich noch stehen kann.*
Wer hat das zu ihr gesagt? War's vielleicht sogar der bucklige *Zinnober,* ihr kleinwüchsiger verwachsener Begleiter mit dem Loch auf der Stirn, der mit seinem Buckel immer am Rand der Löcher hängenbleibt, die ihn von *Einschlag* zu Einschlag treiben, im Strudel der Zeit, im Strudel der kälteren Schichten der Luft? Aber Zinnober hinkt nur, aber er geht und läuft, *Erdgeist, Wurzelmännlein, Käferkönig,* und sein Kopf ist so verquer, dass sein Ein-Auge zum Ohr wird, ohne Läppchen allerdings, „everybody needs somebody sometime“, und er fühlt und sieht die Schmerzen und die Freuden der Anderen, als wäre sein Hirn von jenen Platten aus Glas ummantelt, umgekehrte Richtung, die der Herr der Strahlen ihr an die weiße löchrige Brust drückt, ihr die Brust platt drückt. Und kühl summte es auch auf dem Rücken, so dass es von innen und von hinten an diese Scheibe pochte. „Ich sehe meine Flügel, ich sehe mein Herz.“
Es war in einer dieser Straßen, in denen sie stehenblieb. Weil sie dachte, dass sie nicht allein war. Wo ihr, als sie sich an die feuchten Wände lehnte, der

Putz in Hals und Nacken rieselte. Schuppen aus Stein. Die plötzlich weich und warm wurden. *Als wäre ich das Mädchen mit den Schwefelhölzern.* Wenn du von den Feuern erzählst, meine Kleine, weißt du doch von nichts. Weil die Knochen so dünn und schmal sind, dass sie nicht beschützt werden vom Fleisch. Das da wegbrennt, „dass da die Splitter meiner eigenen Knochen und die der anderen Knochen der Anderen in mein eigenes Fleisch dringen. Und ich dann später sehe, dass ich von nun an und in alle Zeiten und Weiten mit meinem Rumpf kriechen werden muss". Über Pflaster und Straßen und Teppiche undsoweiter. Rosa ist die Farbe der Saison in den Schlachthäusern. Die gewaltigen farbigen Trichter der Explosionen. Die Deformationen von Leben. In den Kathedralen. In den Träumen. Köpfe auf Beatmungsmaschinen. Die Parade der Köpfe, die Rebellion der Geköpften, die Wege führen unter den Stein, in die feuchten Keller, unter die dicke borstige Fläche der Stadt, in den Schatten dieser Verhöhlungen öffnen sich Strudel im dunklen Licht, verklumpen sich die Stränge, die Tentakel, die aus der Tiefe zu uns dringen, Orange leuchten die Bullaugen aus und in die fremden Dimensionen, einatmen, ausatmen, die segelförmigen Doppelseiten von Zeitungen flattern, Error, Nachrichten, rotschwarze Titelblätter, Terror, eine 8 kippt um, Papiere, alles formt sich und zerfällt, Stoffe, trotz Windstille, Sprachrohre, Hör-Röhren, Geschichten aus Zweitausend Nächten und doppelt so vielen Tagen, die Prinzessin Sch., deren verschiedene Namen mit *ihr* (immer noch auf dem Weg zur besten Bar der Stadt inmitten all der Leiber) um die Baumstämme kriechen, die Jahresringe, in deren Spalten sich winzige Insekten mit viel zu großen Köpfen verpuppen, Wurzeln, Quadrate, *Wanderer kommst du nach Sch.,* Harz tropft in die Gefäße. Wir bewegen uns zur Musik. Sie tanzt *sitzend,* sie tanzt still.
Einmal nur Luftholen. Wo wir uns doch verlaufen haben. Aber wer weiß das schon. Den Hals, *der wird ja immer länger,* nach vorne strecken. Einatmen, Ausatmen. Gen Ginnungagap. *Was soll das nun schon wieder sein?* Weltenabgrund. Germanische Legenden, eher so Märchen. Jemand hat ihr das früher mal vorgelesen. Wie das andere Märchen. „Hunkepus, Hunkepus, wir hängen unsre Wunden zu." Sie schaut auf die Platten, die wie eine schwere gläserne Schürze vor ihr hängen, hört das elektrische Brummen, Ohrenlöcher, Augenlöcher, das flackernde Licht, das tief in sie dringt. Sie stülpt eine Maske, eine Mütze, über ihr Gesicht, die ihr jemand von irgendwoher reicht, spürt die Berührungen durch den Stoff und ihren eigenen Atem.
Mein Gesicht fühlt sich immer sehr geteilt an. Da ist auf der linken Seite zum Beispiel dieser Pickel, da habe ich das Gefühl, dass sich das bei mir manchmal so öffnet, dass das manchmal so aufgeht. Als wenn da was oder einer auf einen Knopf drückt. Wichtig ist, dass man in eine Sache hineingeht. Dass man da keine Angst hat. Ich wollte vieles im Leben ausprobieren, solange ich keinen

großen Schaden dabei nehme. Zu jeder Zeit habe ich ziemlich auf mich geachtet, dass ich nicht vergammle. Das ist so eine Art Membran, die sich immer wieder mal öffnet, auch wenn ich das gar nicht will.

Ist der Traum und der Schlaf eine Art Hülse, aus der wir hervorbrechen müssen? Aus der ich hervorbrechen muss? Die Traumbarriere. Wir wollen doch manchmal nur Quatsch machen. Wie Kinder. Ich verschränke meine Arme hinterm goldenen Topf, hinter meinen Schultern. Rapunzel, lass dein Haar herunter. Ach Zinnober, dunkelrot und schmal und Silber, Edelsteine auf deinem Rücken. „Ich sehe, ich sehe, aber es zerreißt mich von innen her." Und ich lege mich, lege mich einfach auf die Bühne. Mundöffnung nach unten. Mein Husten fährt in den Grund. Wo mein Hals immer länger wird. Tierkörper. Wo ich mich frage, wie komme ich dahin? Und wo ist mein humpelnder Freund *Zinnober?* Schlafe ich draußen, oder schlafe ich drinnen, also im Traum? Rings um mich die Köpfe von Tieren. Horn, Horn, Hörner. Meine Beine ziehe ich an meinen Körper, ich bin Anita, die Frau mit dem weichen Fell. Das Mädchen mit dem goldenen Flies. Die Haut strafft sich um meinen Kopf. Schädel will ich nicht sagen. Wer mich berührt, verletzt sich die Fingerkuppen am Sandstein. Schwarz wie Teer. Wie aufgerautes Ebenholz. Die Luft fährt zischend aus meinen Mundwinkeln. Rosa ist die Farbe meiner Löcher, Rosa ist die Farbe der Schlachthäuser der Saison. Ich bin viel zu laut.

Sie läuft durch den Raum. Es scheint ihr, als wäre dies alles schon einmal gewesen. So, oder so ähnlich. Wurmlochbarrieren, Trichterbarrieren. Gurte baumeln vor ihr, von der Decke des Raumes. Ihre Hände verdicken sich zu Kampfhandschuhen. Sie fällt auf die Knie und spürt, wie die Stacheln aus ihr hervorbrechen. PLOPP. PLOPP. Bluttropfen am Metall. Das kann nicht sein, kann das sein? Das ist kein Traum, es ist das, was sie *Wirklichkeit* nennen. Tiere brüllen und röhren aus der Masse der Menschenähnlichen um sie. Ihre Lungen pulsieren, tief in ihr drin. Bluttropfen in den angerissenen winzigen Gefäßen.

Goldene Schuppen überziehen ihren Körper. Verschwinden dann wieder. Sie ist in permanenter Wandlung. Sie möchte gern sprechen, die Menschen um sie, die doch eben noch Frauen mit schrecklichen Köpfen waren, ansprechen, aber ihr Mund ist umhüllt, ist verdeckt, ist verschlossen, und sie atmet laut und leise ihre Worte immer wieder in die Schichten, die ihren Mund jetzt verschließen. „Ich will Musik, ich will raus, ich will blaue Noten." Und während sie dort mit der Kraft ihrer Zunge und ihres Atmens drückt, „everybody loves some roses", spürt sie, wie sich oben, unter den Haaren, unter ihrem Topf aus Haaren ihre Oberfläche spaltet, jemand schneidet ganz zart mit einer langen dünnen Klinge über ihre Schädelknochen, sie fühlt den Luftzug, oder was auch immer sie da fühlt, an und auf ihrem

offenen Hirn. Regentropfen. Träume. Wirrungen. Das sind doch nichts als… Farben flimmern und ändern sich vor ihren Augen, die immer noch sehen können, aber da sitzt, auf dem Stuhl, auf dem langbeinigen Barhocker, dessen Beine dünn und lebendig wie die einer Spinne sind, eine dunkle schwarze Frau ohne Kopf, ohne Glieder, ein dunkler lederner Torso, der spricht aus dem Nagelgespickten offenen Hals zu ihr, während der Stuhl unter diesem ruhenden Schwarz sich unmerklich bewegt, „Was willst du, Medea?"

Und ich lege mich nieder, ich will nie wieder stehen, winkele mich ein auf dem kühlen schönen Boden, der gütigen zornigen Stachelbeere zu Füßen, spüre, wie meine Tentakel Halt suchen, mein offenes braunes Hirn schmiegt sich auf den Grund, alles verschmilzt mit dem, was sie Wirklichkeit nennen. Schichten aus Zeiten und Körpern. Braun lang gewunden. „Was willst du, Medea?"

„My name is Lady Pinhead, du Lungenmensch, du Menschmaschine. Haste noch nie von den Zenobiten gehört?"

„Nee."

„Anita, Anita."

„Selber Anita." Aber da schweben sie schon um diese Frau, die sich selbst Lady Pinhead und *die* Zenobiten nennt, Gegürtete, Hautlose, körperlose Häute, vieläugige Geschwüre, glühende Nervenbahnen, lange Seelen, sie lacht gegen diesen Irrsinn an und weiß doch, dass sie selbst dazugehört. Erlösung. Was für ein schweres Pathos, sie wagt es kaum zu denken, dieses Wort. „Ich bin Frau Doktor Moreau", hört sie den Torso hinter sich flüstern, kriecht von ihm oder ihr weg, „Frau Moreau von der schönen Insel, wo wir Insektenmenschen züchten. Unter anderem."

Sie kriecht zu dem sich sehr langsam wiegenden dunklen Kissen aus kaltem Teer, das Portal des schweren Schlafes. „…vielleicht auch nie mehr erwachen." Und dort versinkt sie, wird absorbiert, eingesaugt, bedeckt, Körperteil für Körperteil, Rundung für Rundung verbindet sie sich und wird eins, innen und außen, Anita, Anita, lass dein Kleid herunter.

Sie hört die Rufe, hört die Pfiffe, und immer wieder sitzt sie auf ihrem Hocker, windet sich, die goldene Meerjungfrau, Gottesanbeterin, tanzt mit den Armen, bevor sie sich erhebt, und immer wieder steht sie vor den schweren Platten, Strahlen, Menschen, Herren, fühlt die unsichtbaren Skalpelle auf ihren Häuten, ihren Schichten, winzige Schnitte, silberglänzende Zellkerne, behaartes Herz, wie schön der Mensch auch innen ist, denkt sie, wenn sie sich so sieht auf dem grünen dunklen Glas, auch im Zerfall. Keine Zeit mehr.

„It's showtime!"

Und sie tritt auf die Bühne.

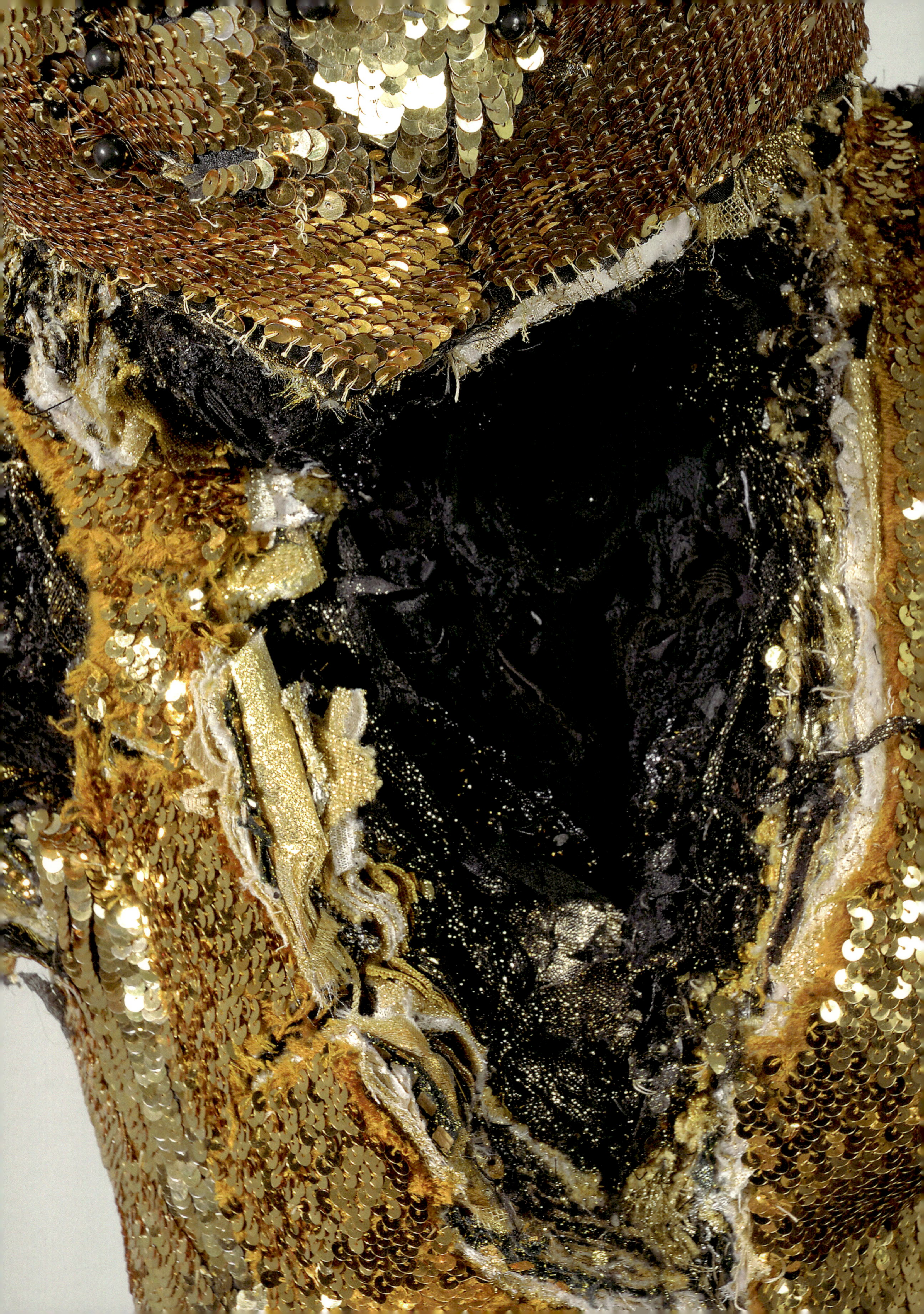

When she coughs it feels like her lungs are opening up inside of her, like the tiny vesicles are filling up with blood, and when she closes her eyes it seems to her she can see them, shining reddish gold, deep inside of her. She feels it under her shoulder blades, under her skin, under her flesh, pressing there, pressing out of her.

On the plates made of glass there really are wings inside her body. Which only the *Lord of the Rays* can see, only the two of them can see, and she doesn't like the *Lord of the Rays* passing them on, handing out the plates to the doctors. "I can see my heart, I can see my wings," she called out the first time like a child, a joyful, surprised shout, the electrical humming of the machine, the blueish-green flickering light of the rays in the dark room, "I can see…"

She walks up to the bar, striding across the room, this other room now, in silence. Only women around her it seems, women forming a corridor for her, her staring out at more and more bodies shrinking back from her, the narrow twisting route to the bar. Thinking she's dreaming, knowing she's dreaming, she's not surprised that the heads to the bodies change at her every step. She feels that the small figure is walking alongside her again. When she lowers her eyes she can see him – her small hunchbacked companion is usually on her left – but she doesn't have to at all, doesn't want to at all. She calls him *Cinnabar,* a brightly coloured, cone-shaped, gyrating opening instead of eyes in the middle of his face. A fairytale that someone read to her when she was a child. Little Zaches, Called Cinnabar. *My mother?* It's a lie, she thinks, when they say colours disappear in dreams, like they do sometimes at night. It's a lie when they say you can't remember there, in your sleep, all the things that are *outside:* rooms, bars, people, the sounds, lights, the streets where you lingered awhile because then you weren't alone, walls that smell of earth, real nonsense and stupid games, the lakes, *because I do so like to bathe,* the big tubs in the big hotels, and what the tiles felt like when you ran your fingers over them… bath curtains, damp settees.

Sometimes they're upside down, and she looks with her head lowered, her neck extended, *it's getting longer and longer,* at the incandescent plates, and doesn't want anyone else to see – her innermost – and knows it's not the case. Her bones, her leg bones, are so thin and slim and long. One step to the left, one step away from that side, curl up on yourself, matchstick woman – "Music, music, give me blue notes!" – a figure made of matches and conkers, silent movement.

I never want to lie down again. Who said that to her? Her mother? No. One of the women in the long, skinny street that winds away from Hackescher Markt? Curl in on yourself, wind around a tree. She used to do that as a child. Wound her way up there. Turned into a ribbon of strange colours.

I had prescribed myself a little protective programme beforehand: Look at it very carefully – will anything present a problem? Will you come out in spots? Is anything unpleasant for you? Would you like to get out of here? Blue Notes. I was always a happy child. *What people always think – that you have to have a bad time, that's why, and so on – that's all rubbish.*
And when you stand like that your legs are a kind of downward-facing platform, and you do feel a certain power, don't you?
She can't transport these plates, behind or in front of which the light focuses into pictures, not even in her sleep, there behind the barrier. Sometimes you wish you could heave the luminous plates in front of people's eyes. Dream is a very strange word. *Strange* is another funny word. So *imprecise.* But *that's* the funniest of all words. Because at some point you always reach your limits… and so on. Step by step, she moves between the women's bodies towards the bar. A counter at the end of the world. *Bury me behind the bar.* But someone else said that, far away from her, in the future, "everybody loves somebody sometime," wormholes, like cones through space and time and bodies, shaped like maybe… flowers that open up into cones. Dean Martin's face pupating. Vanishing into its own wrinkles. Then here come the people and hassle her. "Oh, oh, oh… floooowers." *Don't stare so sentimental.* If only I wasn't so tired.
Look in, look out. It's a lie when they say you have no memories of *outside* in your sleep. *I always dream of it, I always imagine I can still stand.*
Who said that to her? Was it perhaps hunchbacked *Cinnabar,* her dwarfish companion with the hole in his head, whose hunchback keeps getting caught on the edge of the holes that drive him from *impact* to impact, in the maelstrom of time, in the maelstrom of colder layers of air? But Cinnabar only limps, but he walks and he runs, *earth spirit, woodland gnome, king of the creepy-crawlies,* and his head is so askew that his one-eye becomes an ear, without lobes mind you, "everybody needs somebody sometime," and he feels and sees others' pain and joy as if his brain were encased in those plates of glass, the other way around, which the Lord of the Rays presses to her white, holey chest, pressing her chest flat. And there was a cool humming on the back, so that there came a knocking at the pane from inside and from behind. "I can see my wings, I can see my heart."
It was on one of those streets where she lingered awhile. Because then she thought she wasn't alone. Where the plaster rained down on her neck and shoulders when she leaned on the damp walls. Stony dandruff. That suddenly grew soft and warm. *As if I were the little match girl.* When you talk about the fires, my sweet, you know nothing. Because your bones are so thin and skinny that they're not protected by the flesh. Which burns away, "the splinters of my own bones and the others' other bones pressing into my own flesh. And

then later I see that I'll have to creep along on my rump from now on and for all time." Across cobbles and streets and carpets and so on. Pale pink is the shade of the season in the slaughterhouses. The mighty, colourful cones of the explosions. The deformations of life. In the cathedrals. In dreams. Heads on respiration machines. A parade of heads, a rebellion of the beheaded, their paths taking them beneath the stone, into the damp cellars, under the thick, bristly surface of the city, maelstroms opening up in the dark light in the shade of these caverns, the strands clumping together, the tentacles emerging towards us from the depths, the portholes glowing orange out of and into unknown dimensions – breathe in, breathe out – sail-like newspaper double-spreads flattering, error, news, red-and-black front pages, terror, an 8 tips over, papers, everything shaping and decaying, fabrics, despite the lull in the winds, mouthpieces, ear trumpets, tales of two thousand nights and twice as many days, Princess S., whose various names creep with *her* (still on her way to the best bar in town in the midst of all the bodies) around the tree trunks, the growth rings with gaps in which tiny insects with heads much too large pupate, roots, squares, *Stranger, bear word to the S.*, resin drips into the vessels. We move to the music. She dances *sitting down,* she dances silently. Just one breather. Now that we've lost our way after all. But who knows? Stick out your neck, *it's getting longer and longer*. Breathe in, breathe out. T'wards Ginnungagap. *And what's that supposed to be?* The edge of the world. Norse legends, more like fairytales. Someone read them to her once. Like the other fairytale. "Iron Hans, Iron Hans, we shall cover our wounds." She looks at the plates, suspended before her like a heavy glass apron, and she hears the electrical humming, ear holes, eye holes, the flickering light penetrating deep inside of her. She pulls on a mask, a hat, over her face, passed to her by someone from somewhere, she feels the touches through the… fabric, and her own breath.

My face always feels split down the middle. On the left, for instance, is this spot, and I get the feeling it sometimes opens up, opens out sometimes. As if something or someone had pressed a button. It's important to really go into a thing. Not to be afraid. I wanted to try out a lot of things in life, as long as I don't come to any great harm. I've always looked out for myself pretty well, made sure I don't go to waste. It's a kind of membrane that keeps on opening up, even if I don't want it to.

Are dreams and sleep a kind of husk that we have to break out of? That I have to break out of? The dream barrier. Sometimes all we want is nonsense. Like children. I fold my arms behind the golden bowl, behind my shoulders. Rapunzel, Rapunzel, let down your hair. Oh Cinnabar, dark red and skinny and silver, precious stones on your back. "I can see, I can see, but it's tearing me apart from inside."

And I lie down, simply lie down on the stage. My mouth opening to the floor. My cough goes into the ground. And my neck is getting longer and longer. Animal bodies. And I ask myself, how do I get there? And where is my limping friend *Cinnabar?* Am I sleeping outside or am I sleeping inside, in a dream? All around me the heads of animals Rings. Horn, horn, horns. I draw my legs into my body, I am Anita, the woman with the soft fur. The girl with the golden fleece. The skin around my head grows taut. I don't want to say skull. Anyone who touches me hurts their fingertips on the sandstone. As black as tar. As roughened ebony. The air hisses out of the corners of my mouth. Pale pink is the shade of my holes, pale pink is the shade of the slaughterhouses of the season. I'm much too loud.

She walks across the room. It seems to her as if it's all been here before. Been the way it is, or something along those lines. Wormhole barriers, cone-shaped barriers. Belts dangle before her, from the room's ceiling. Her hands thicken into boxing gloves. She falls on her knees and feels the spikes breaking out of her. PLOP. PLOP. Drops of blood on metal. That can't be, can it be? This isn't a dream, it's what they call *reality.* Animals baying and roaring out of the mass of human-like entities around her. Her lungs pulsing, deep inside of her. Drops of blood in the tiny ripping vessels.

Golden scales coat her body. Then disappear again. She's in permanent flux. She'd like to speak, talk to the people around her, who a moment ago were women with terrible heads, but her mouth is swathed, covered, closed up, and she breathes her words loudly and quietly into the layers now closing her mouth, over and over. "I want music, I want out, I want blue notes." And while she's pressing with the strength of her tongue and her breath – "everybody loves some roses…"– she feels up there, under her hair, under her bowl of hair, her surface splitting open, someone cutting very gently across her skull bones with a long, skinny blade, she feels the draught, or whatever it is she always feels there, across and on her open brain. Drops of rain. Dreams. Confusions. They're nothing but… Colours shimmer and change before her eyes, which can still see, but there on the stool, on the long-legged barstool, its legs thin and alive like a spider's legs, sits a dark black woman without a head, with no limbs, a dark leathery torso that speaks to her out of its nail-bristling open neck, while the stool beneath her resting black moves unnoticeably, "What do you want, Medea?"

And I lay myself down, I never want to stand again, I angle myself on the lovely cool floor, at the feet of the benevolent, angry prickly pear, feel my tentacles seeking a hold, my open brown brain snuggling onto the ground, everything melding in with what they call reality. Layers of time and bodies. Brown long and twisted. "What do you want, Medea?"

"My name is Lady Pinhead, you lunged human, you human machine. Have you never heard of the Cenobites?"

"No."

"Anita, Anita."

"You're the Anita." But by then they're floating around the woman who calls herself Lady Pinhead and *them* Cenobites, girdled, skinless, bodiless skins, many-eyed carbuncles, glowing nerve paths, long souls, she laughs against this insanity and yet knows she's a part of it herself. Salvation. How heavy with pathos, she barely dares to think it, that word. "I am Doctor Moreau," she hears the torso whispering behind her, and she creeps away from him or her, "Mrs. Moreau from the beautiful island where we breed human insects. Among other things."

She creeps over to the very slowly rocking dark cushion of cold tar, the portal of heavy sleep. "…perhaps too… never to awaken." And there she sinks, is absorbed, sucked in, covered up, limb by limb, curve by curve she links herself up and becomes one, inside and outside, Anita, Anita, let down your dress.

She hears the calls, hears the whistles, and over and over she's sitting on her stool, writhing, the golden mermaid, praying mantis, dancing with her arms before she arises, and over and over she stands before the heavy plates, rays, people, lords, feels the invisible scalpels on her skins, her layers, tiny cuts, silvery-shining cell nuclei, hair-covered heart, how beautiful a person is inside too, she thinks when she sees herself like that on the green dark glass, even in the act of decay. No time left.

"It's showtime!"

And she steps out onto the stage.

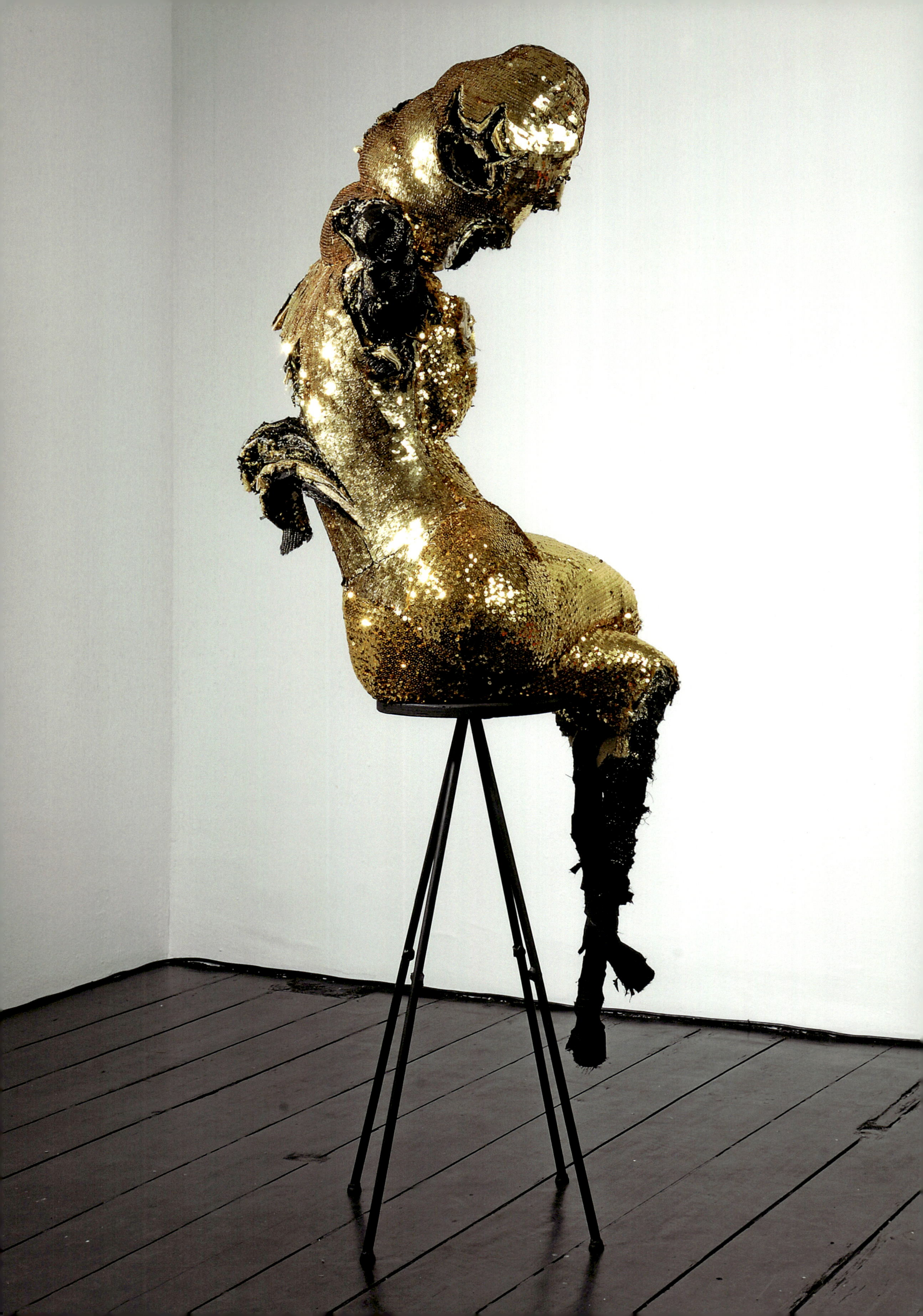

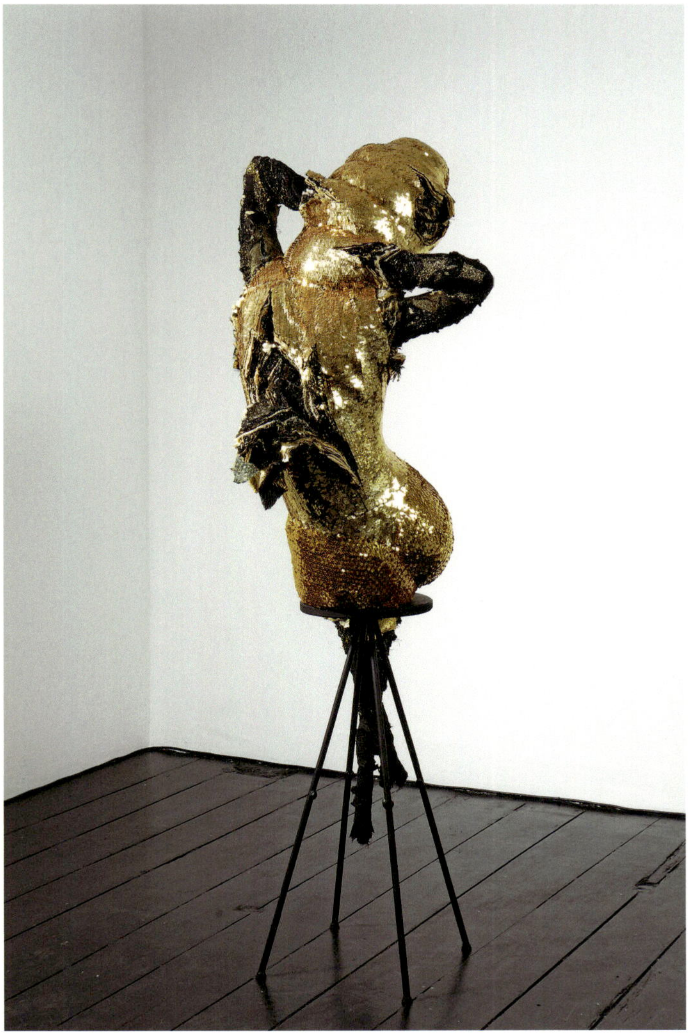

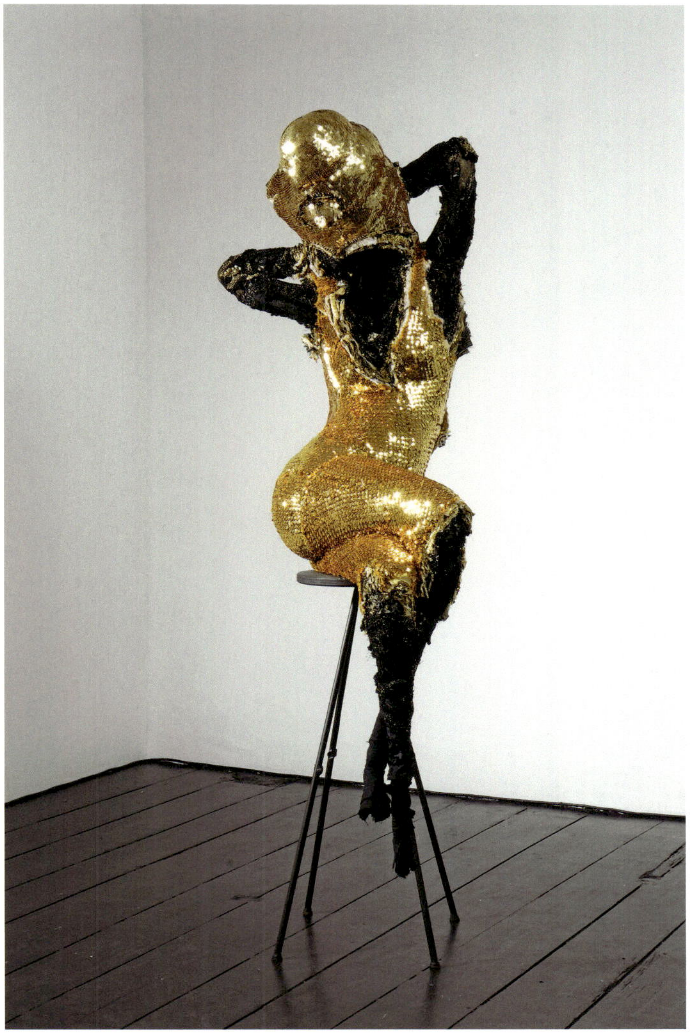

Anita, 2011

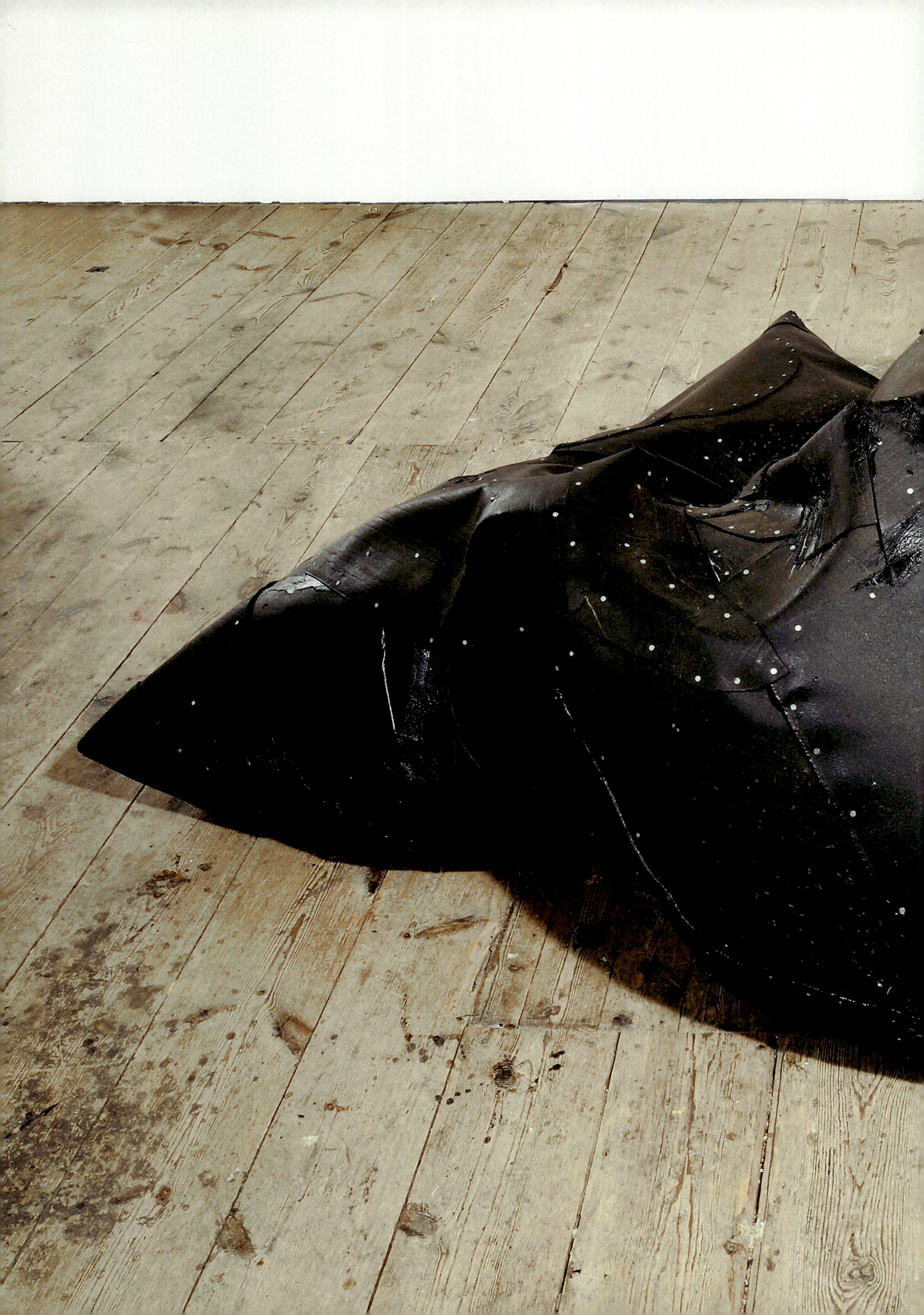

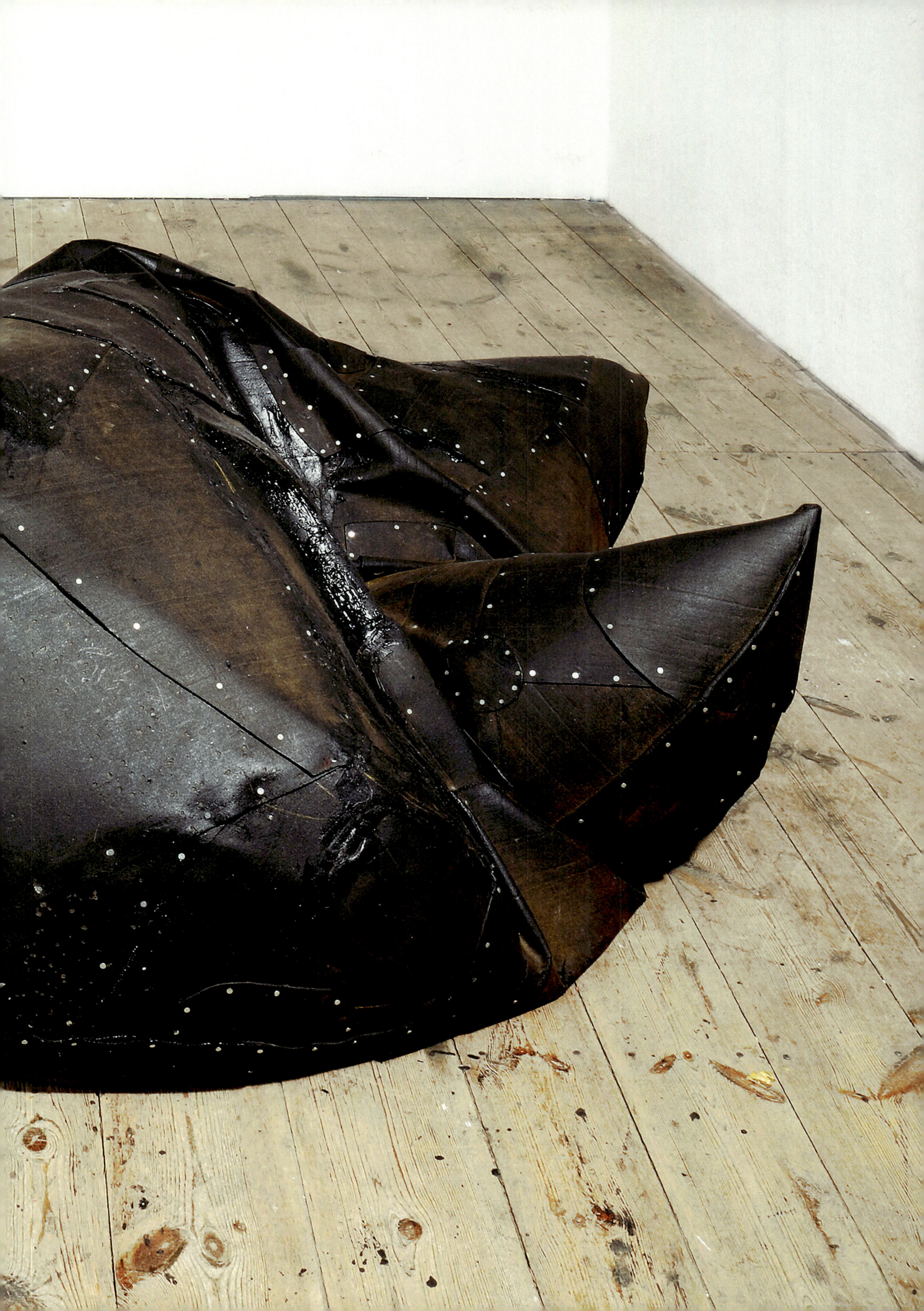

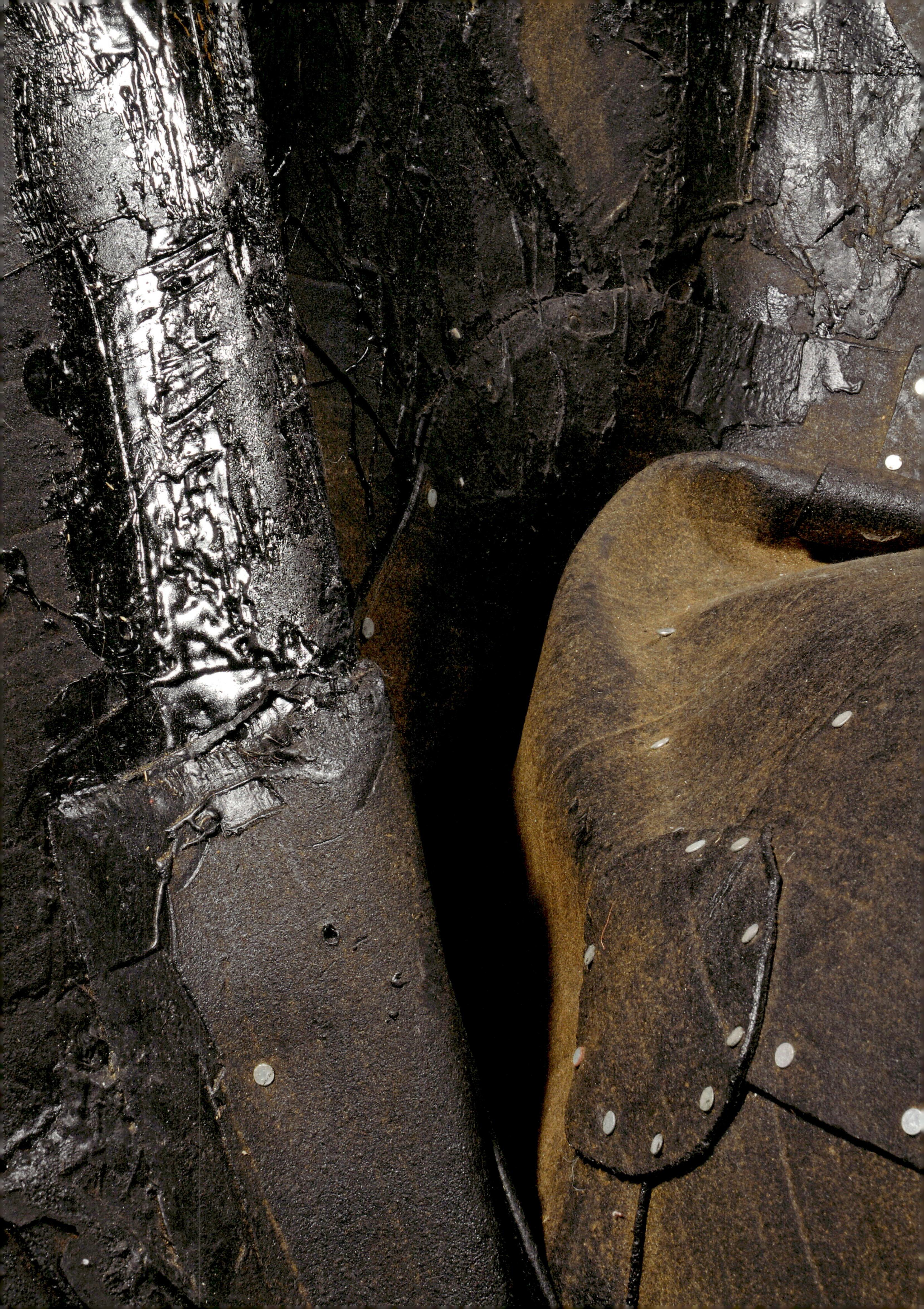

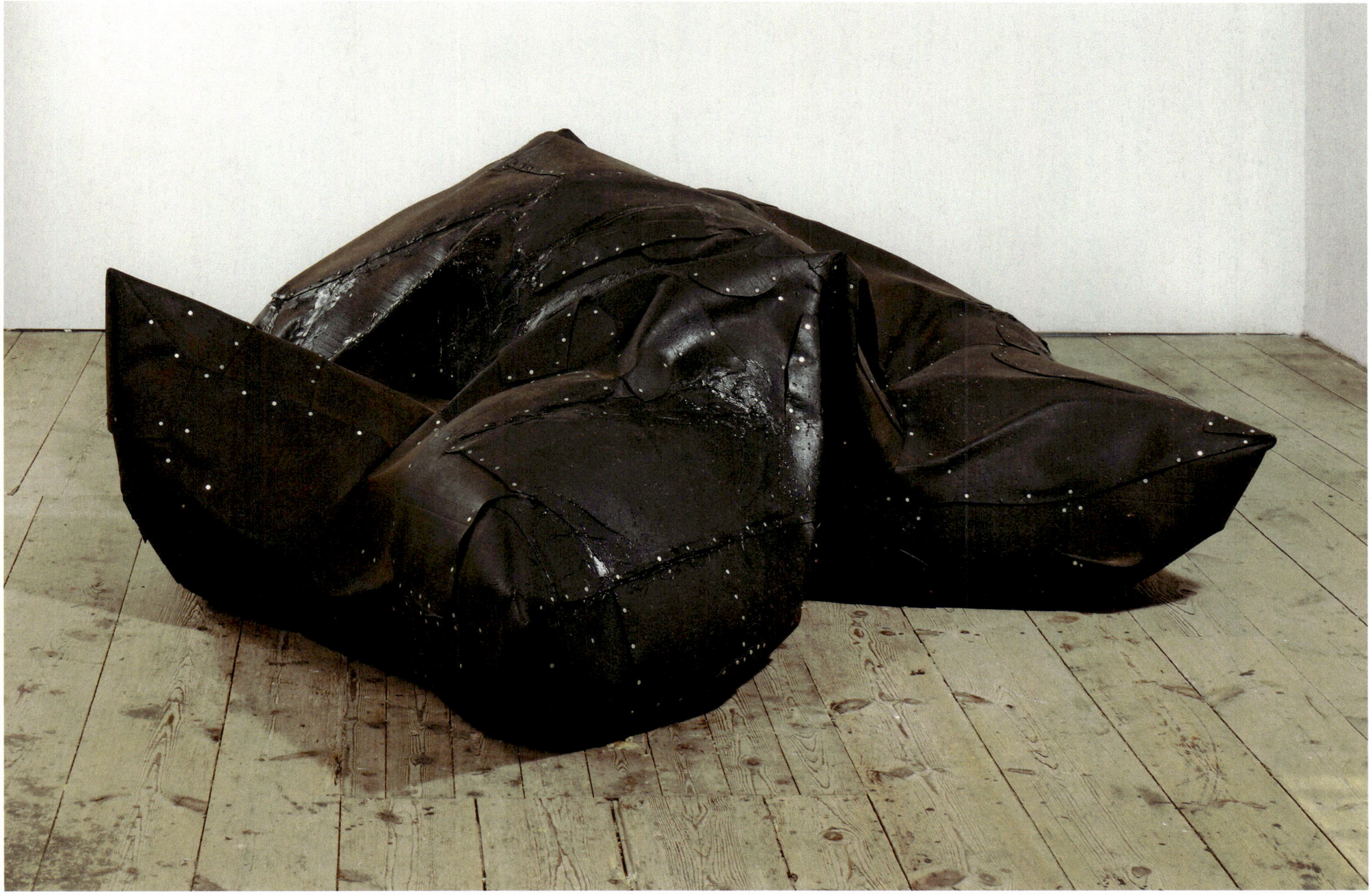

Schwerer Schlaf, 2005

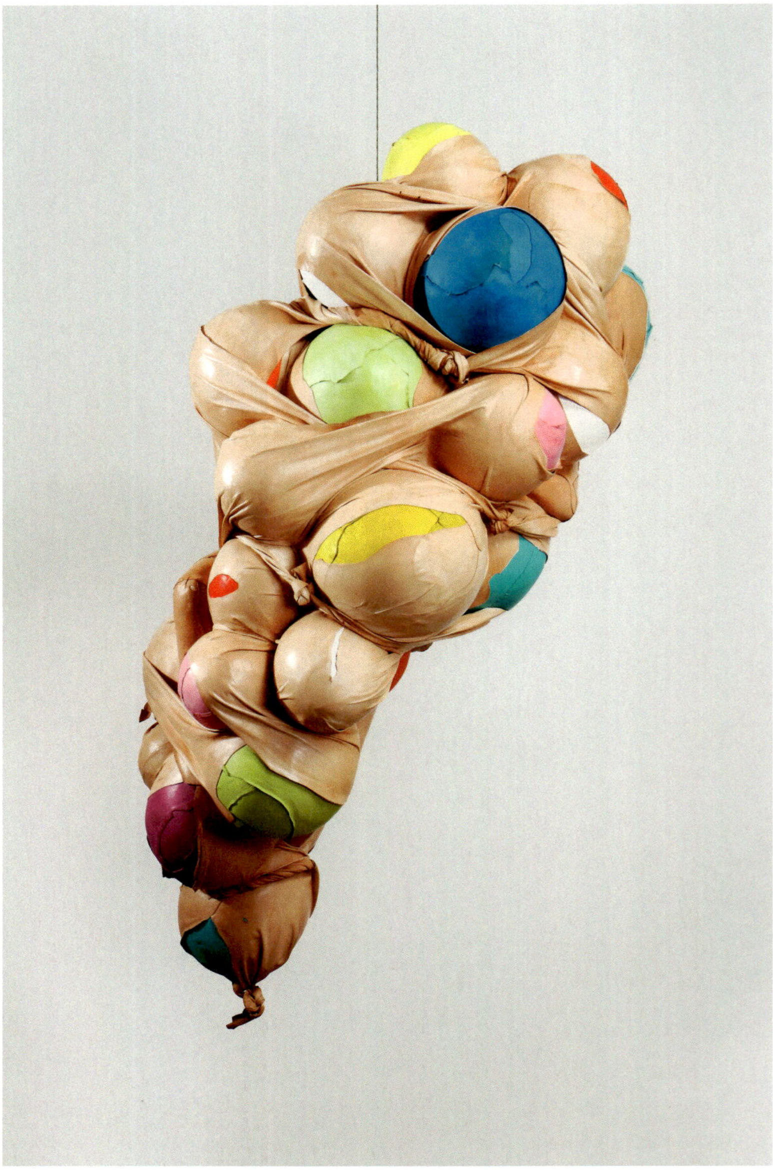

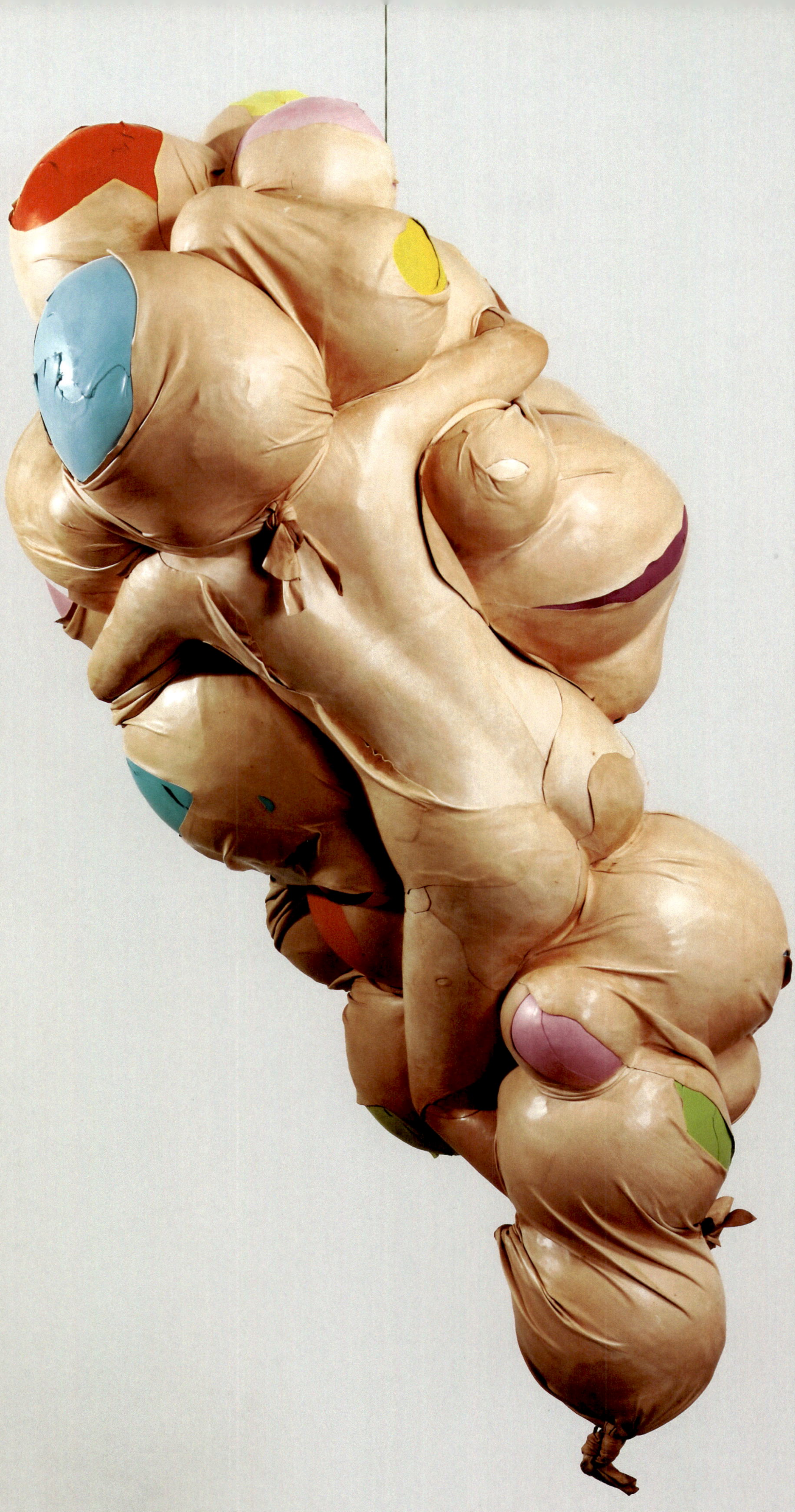

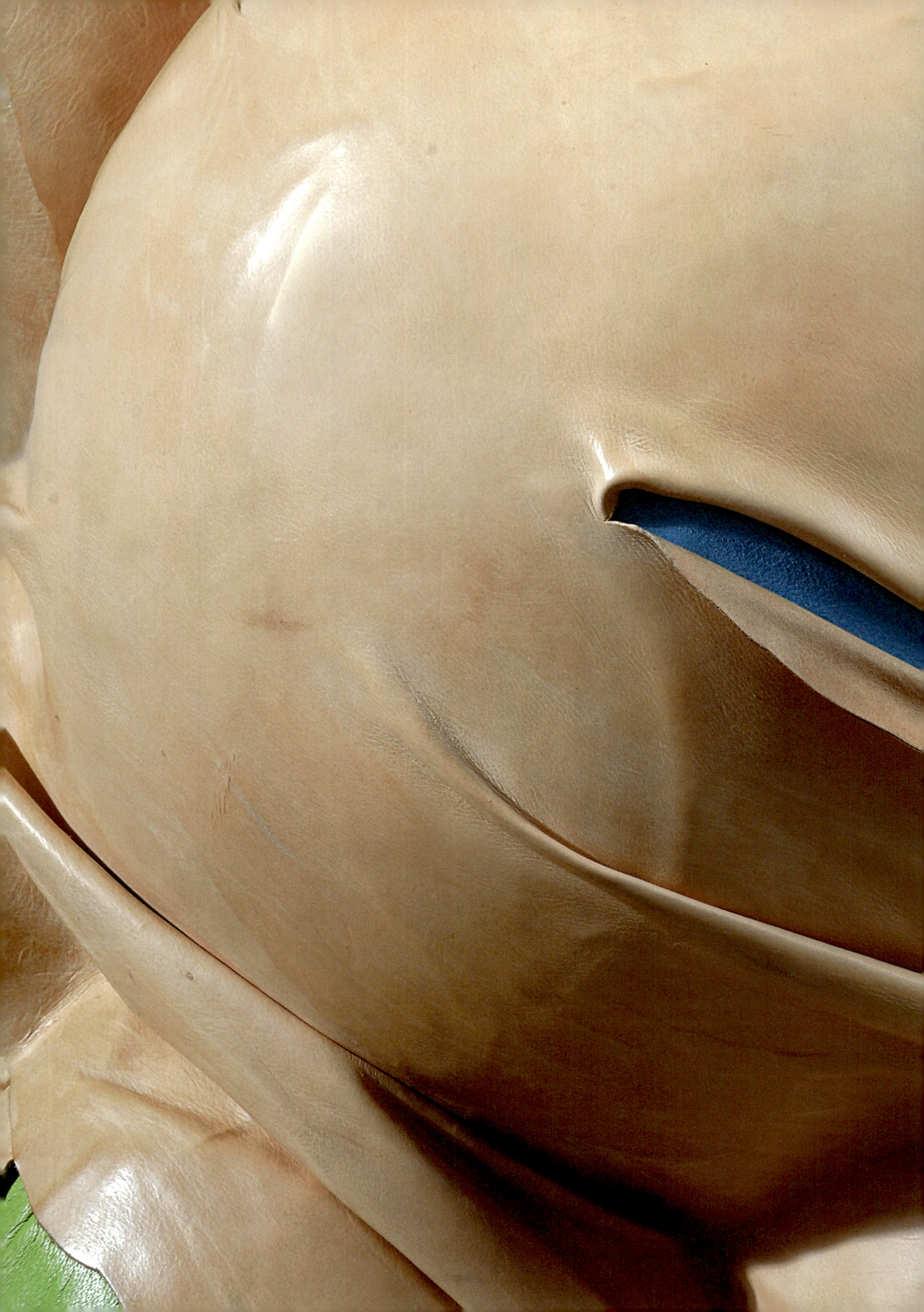

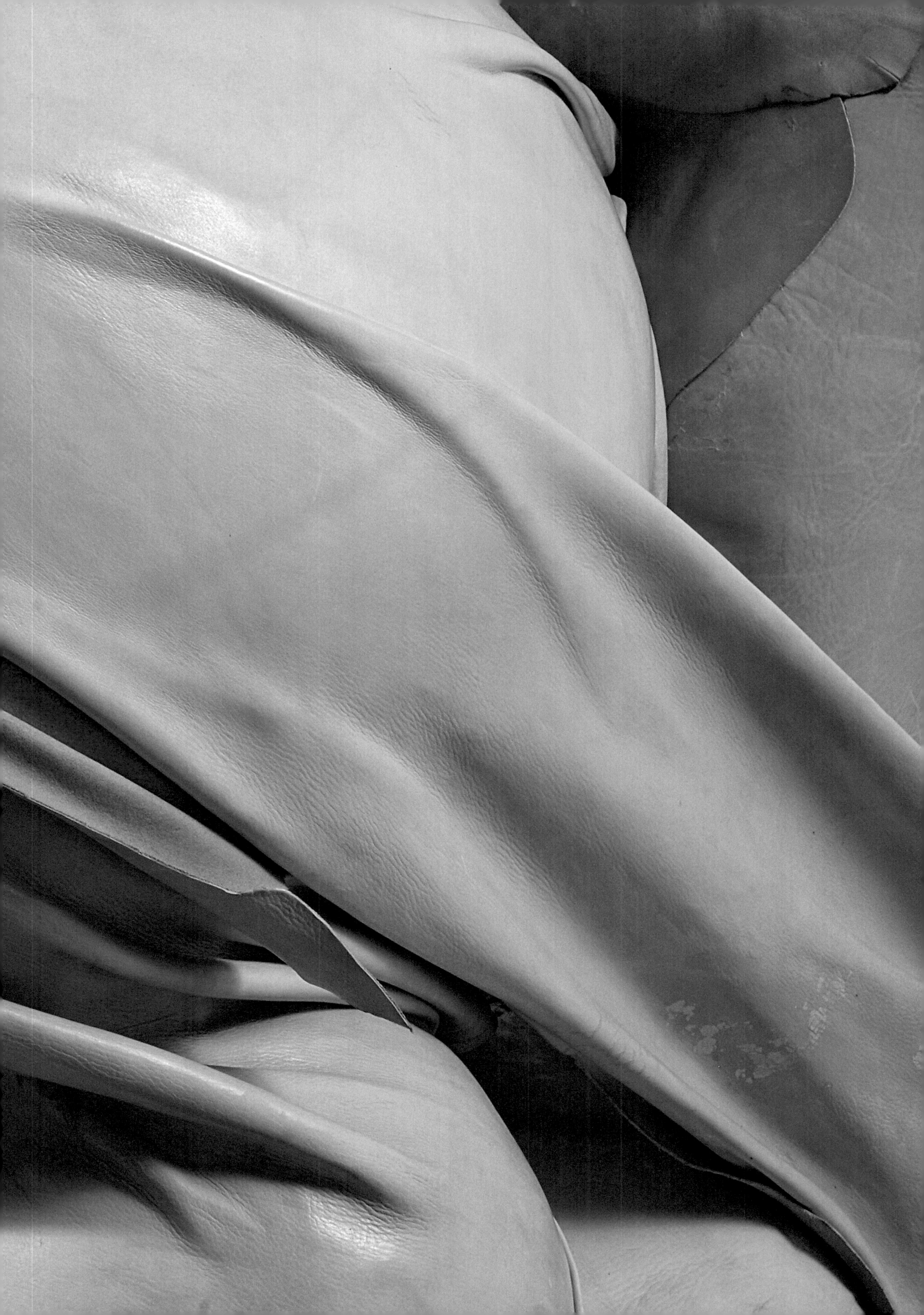

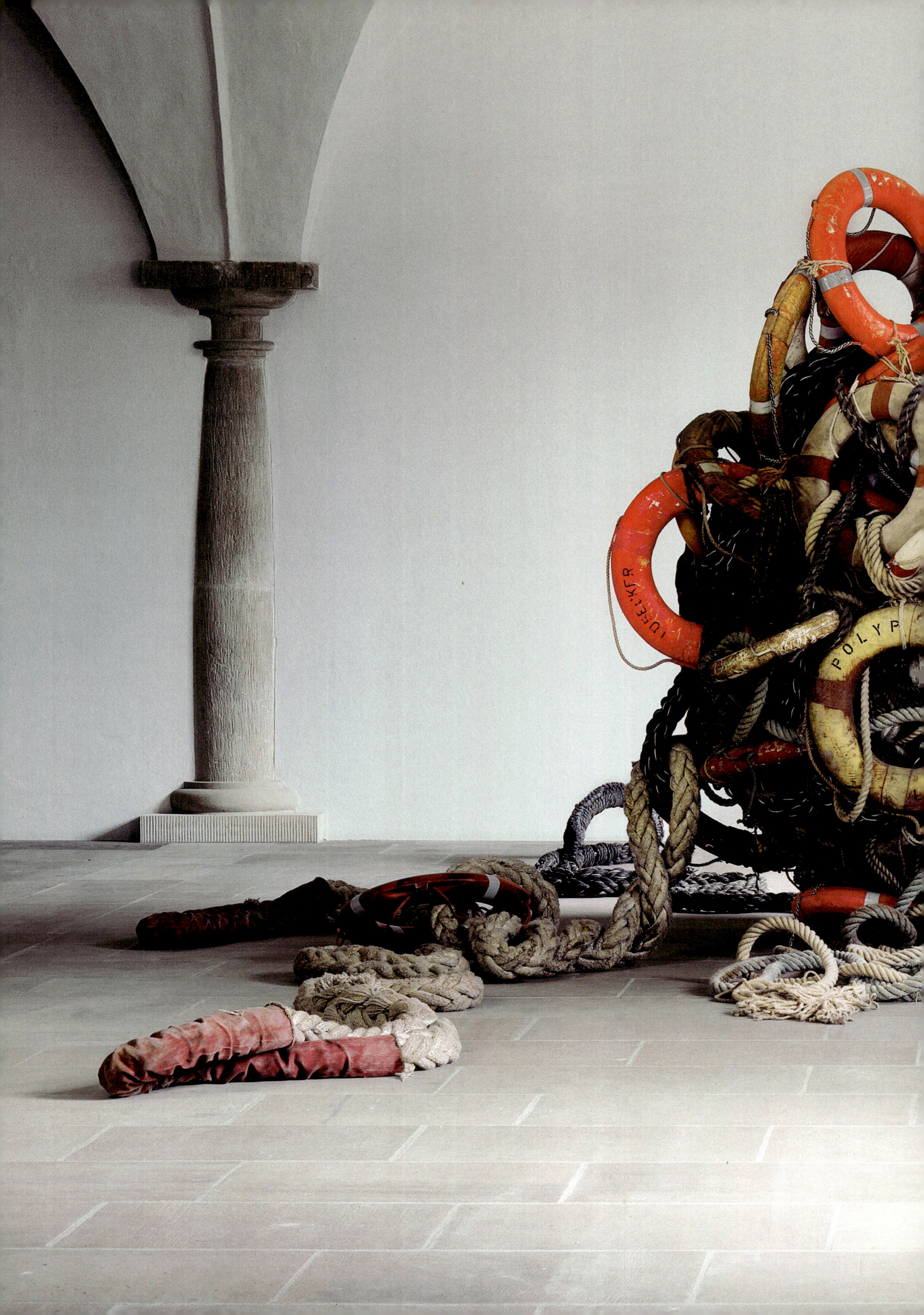
POLYP

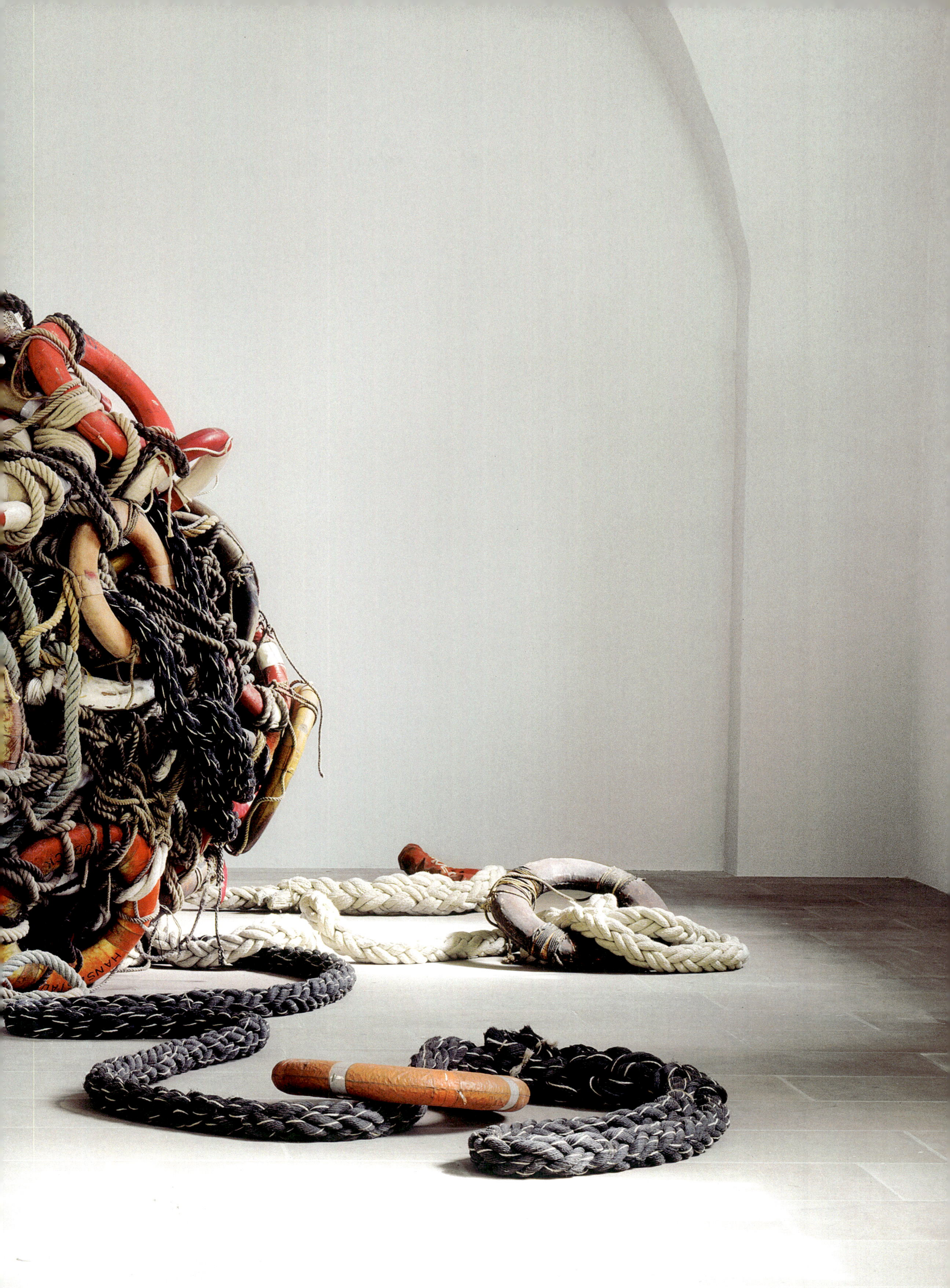

Seelenfänger, 2005

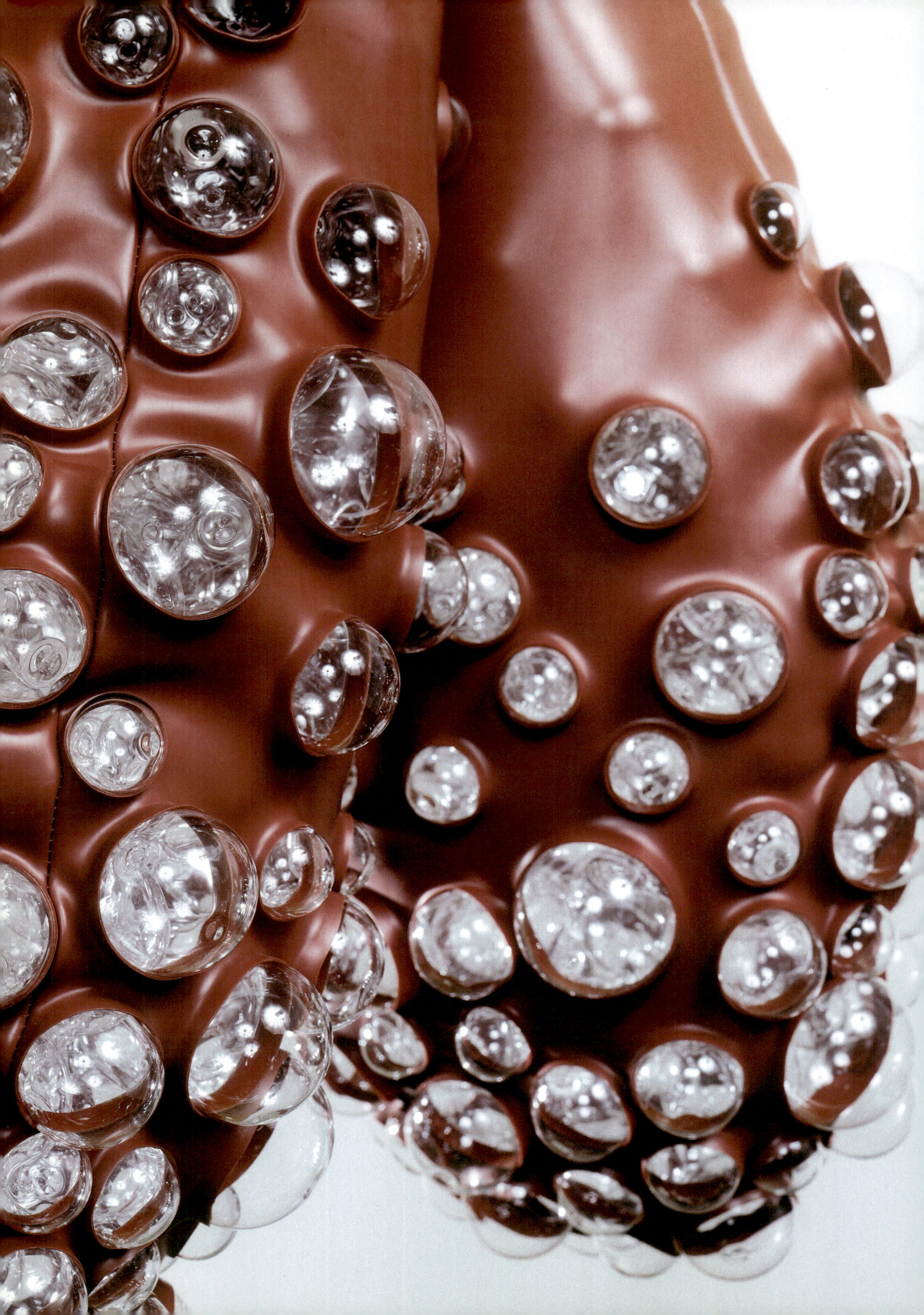

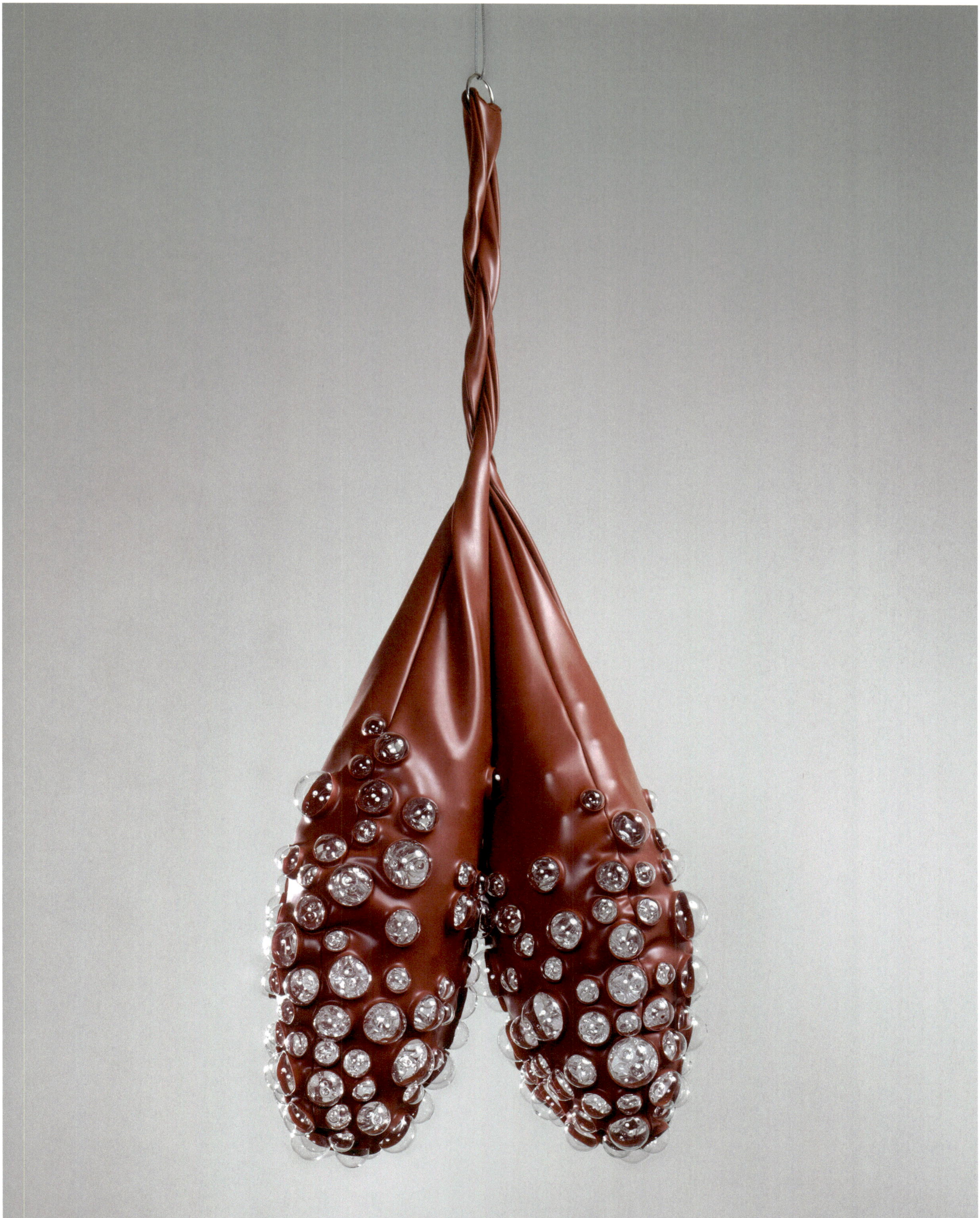

Luft holen, 2005

Rosie, 2007

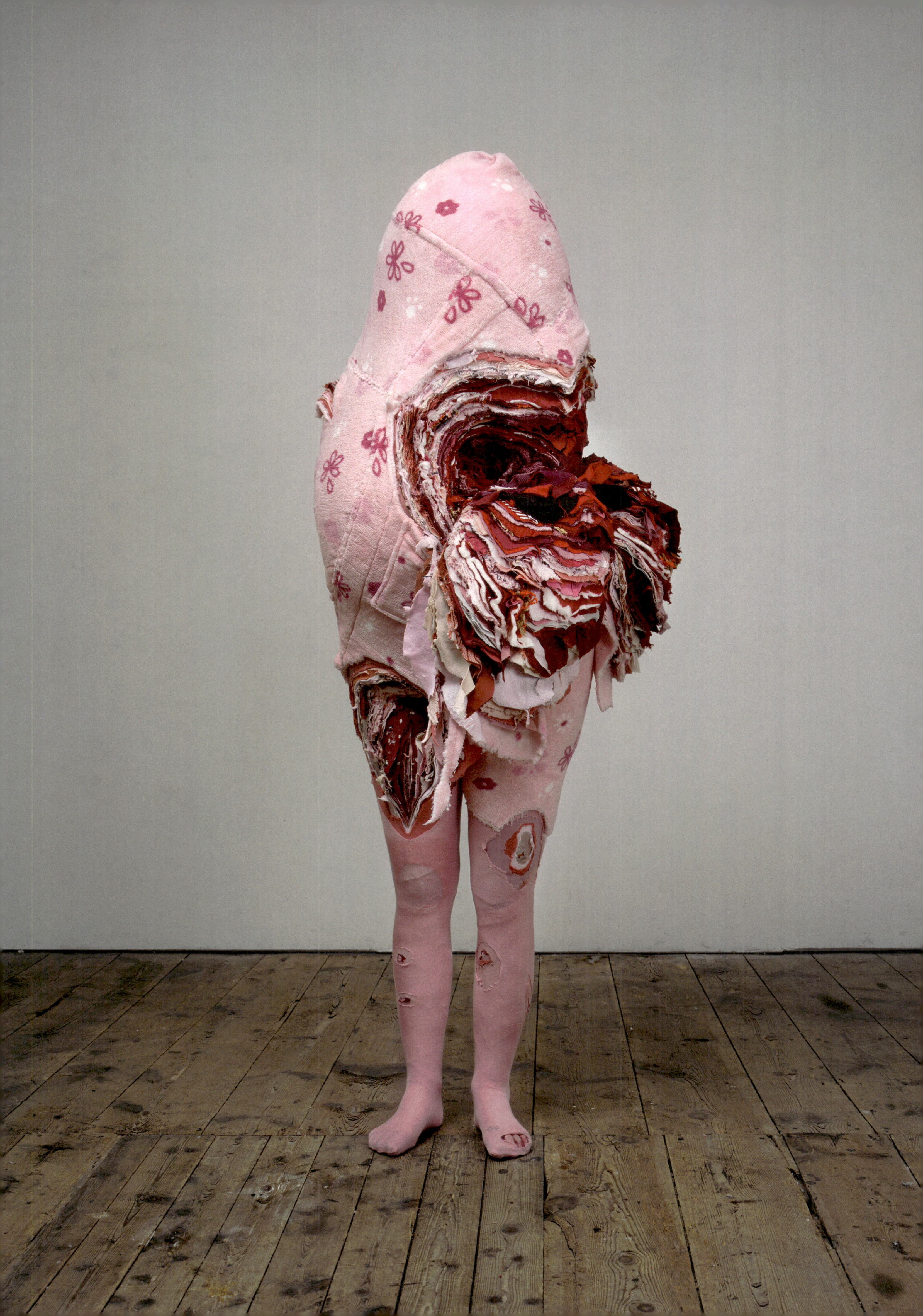

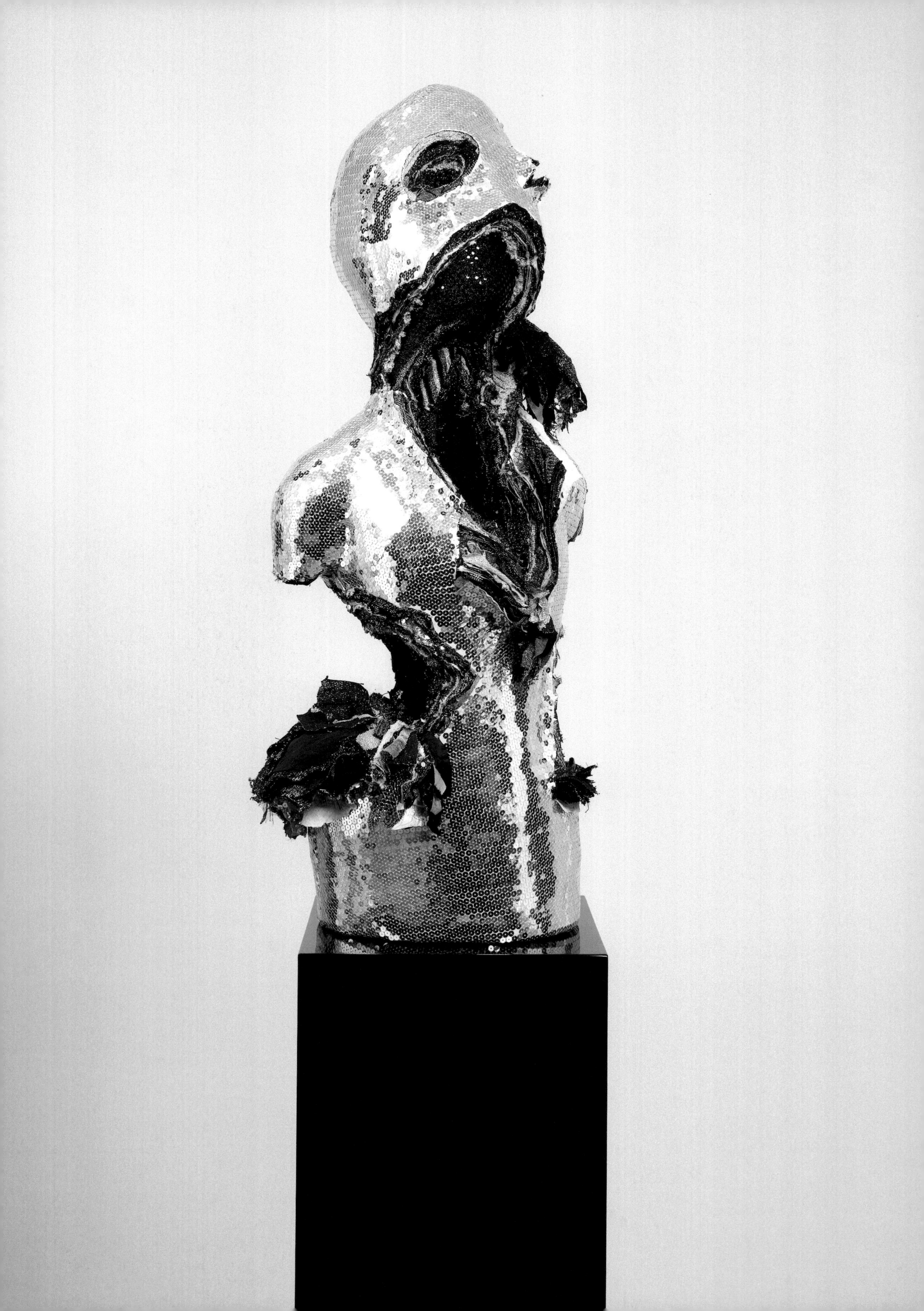

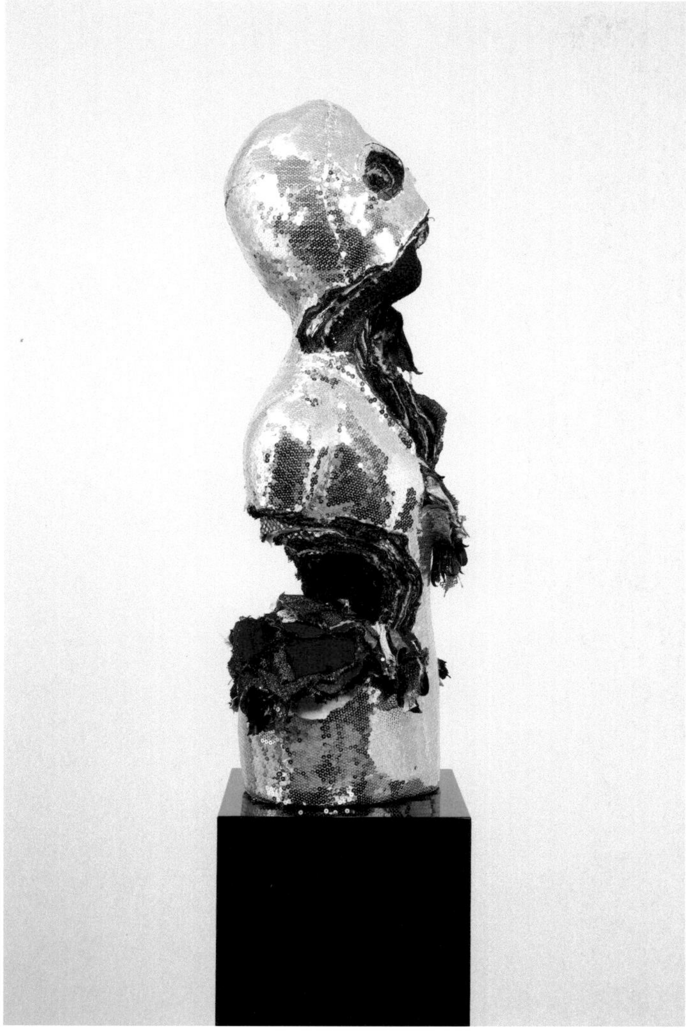

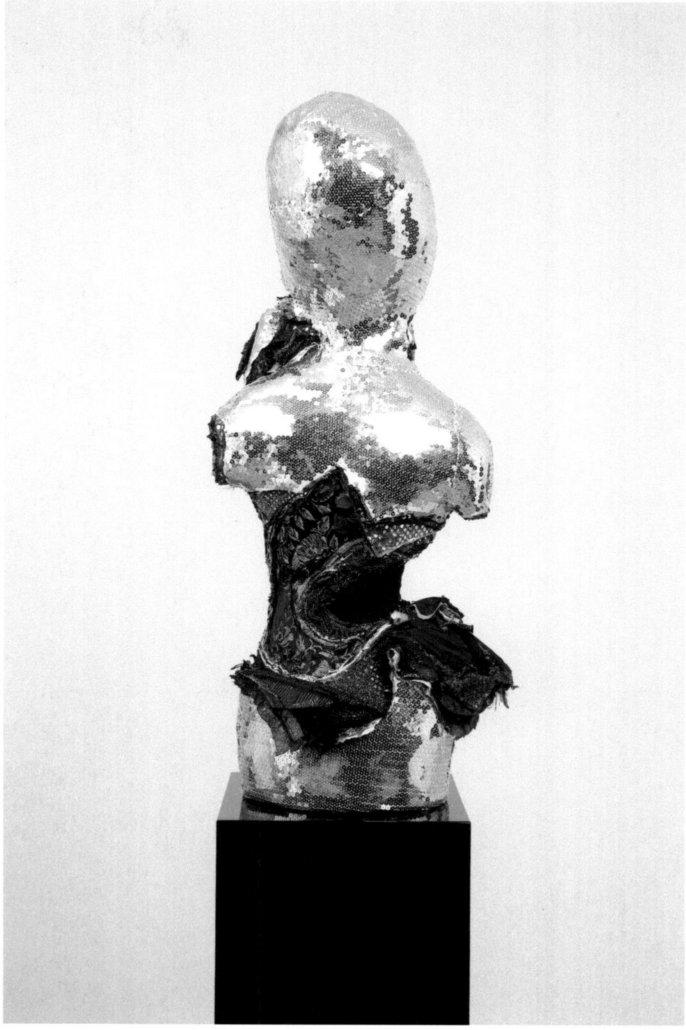

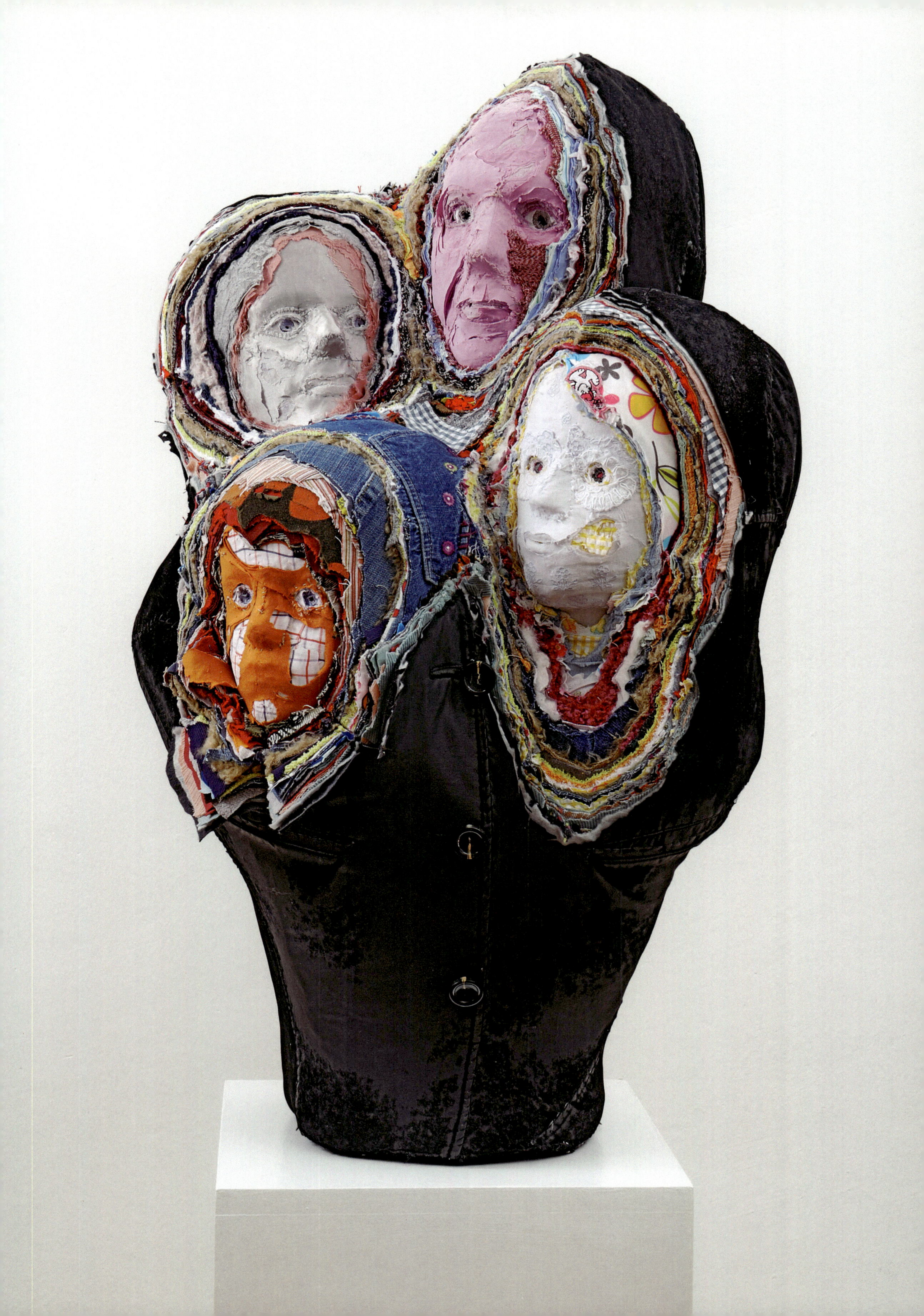

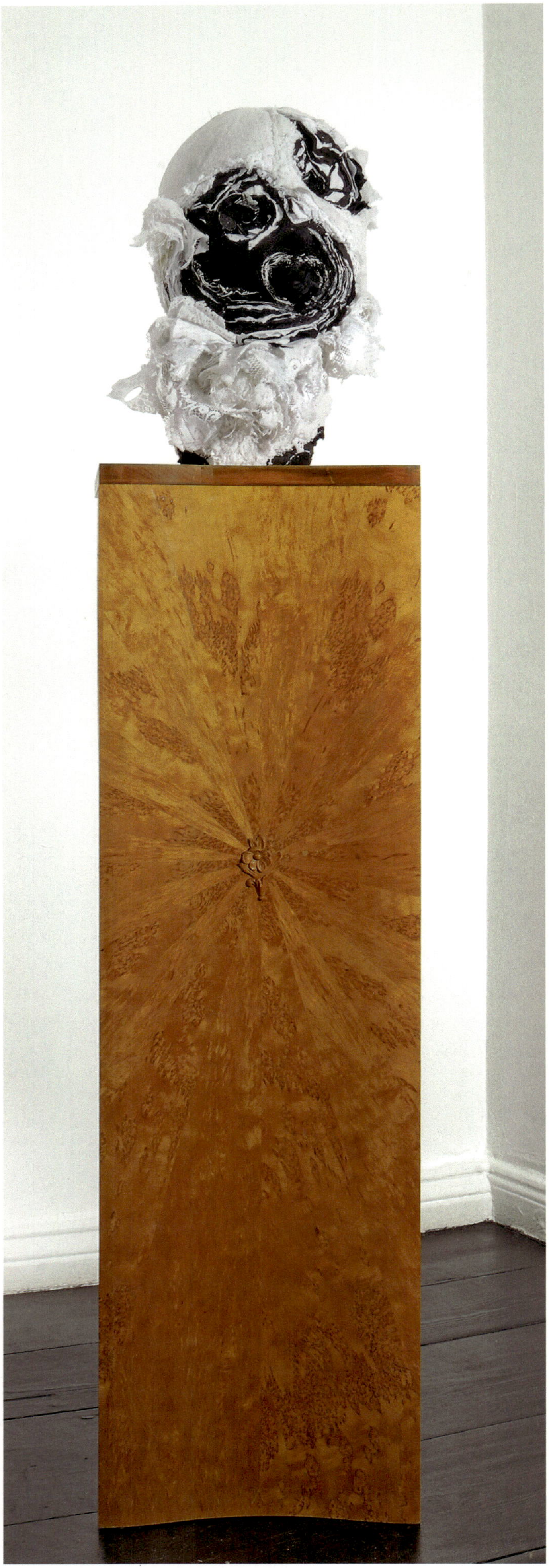

Holly, 2010

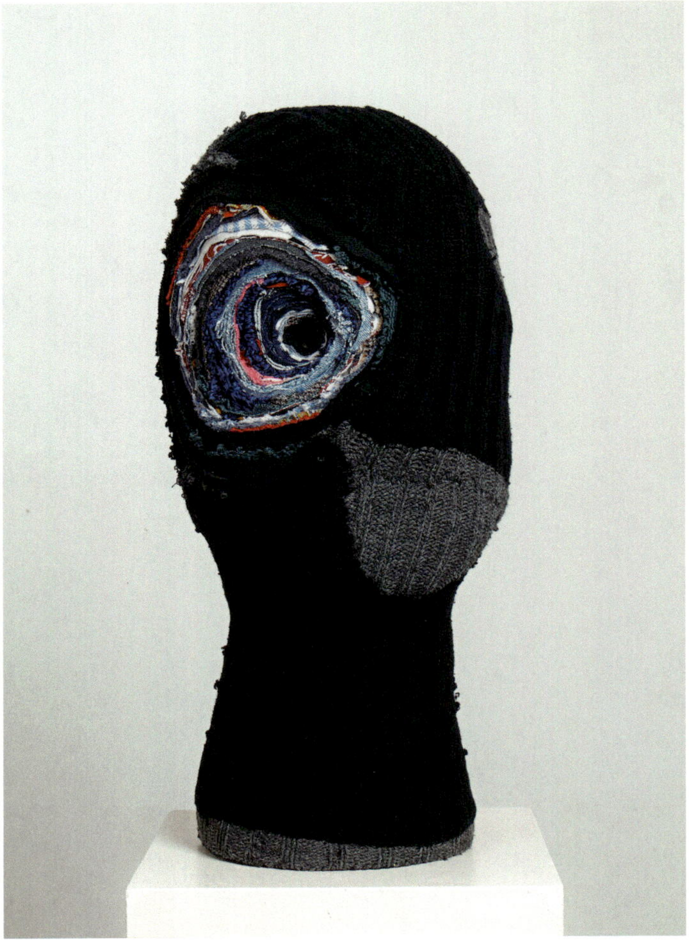

Der Schwarze, 2006

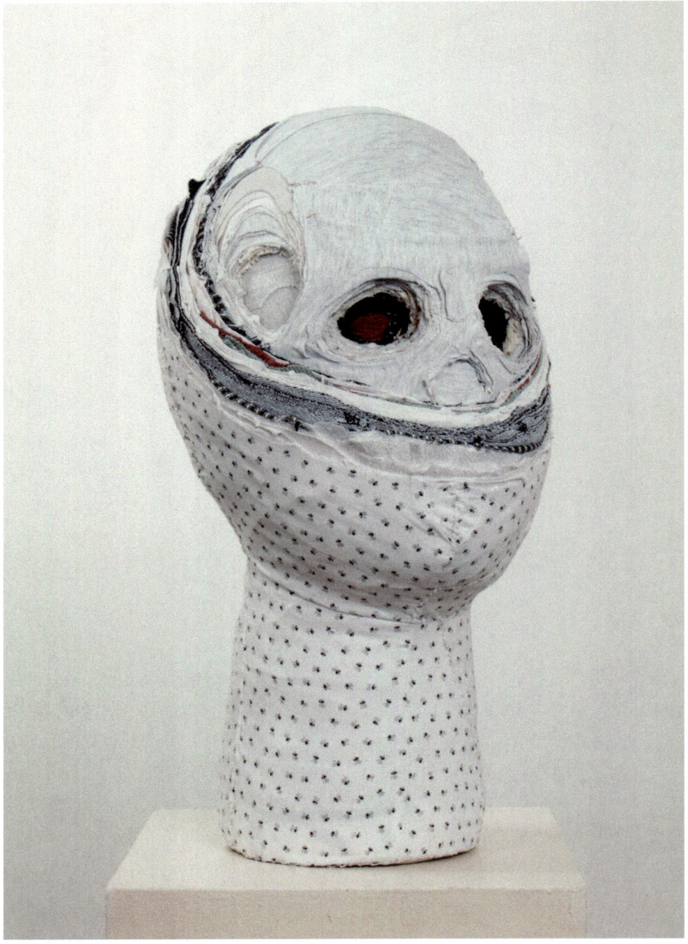

Zipolle, 2006

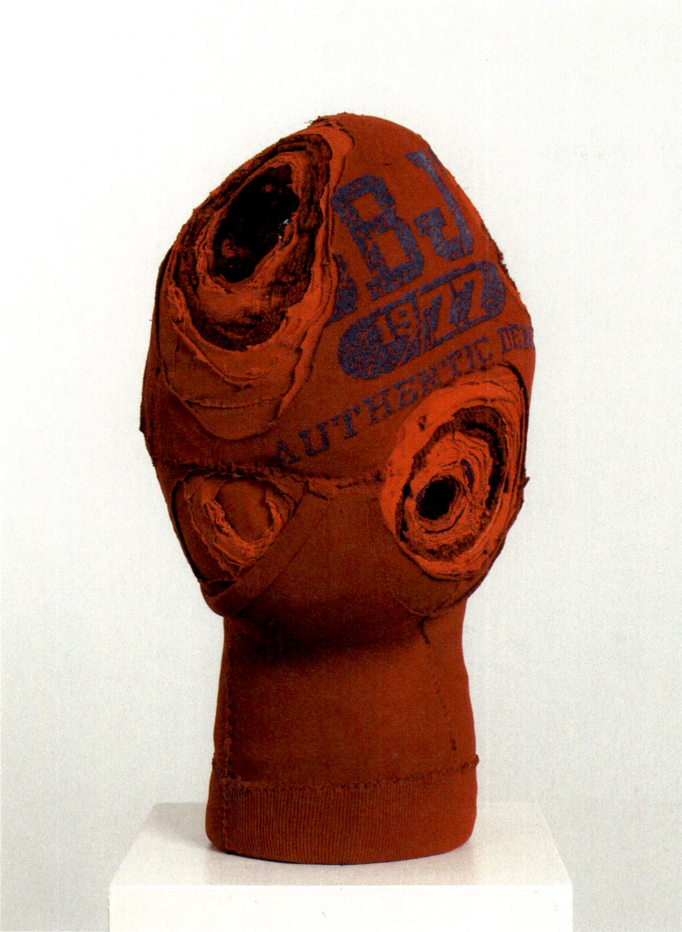

Buck, 2006

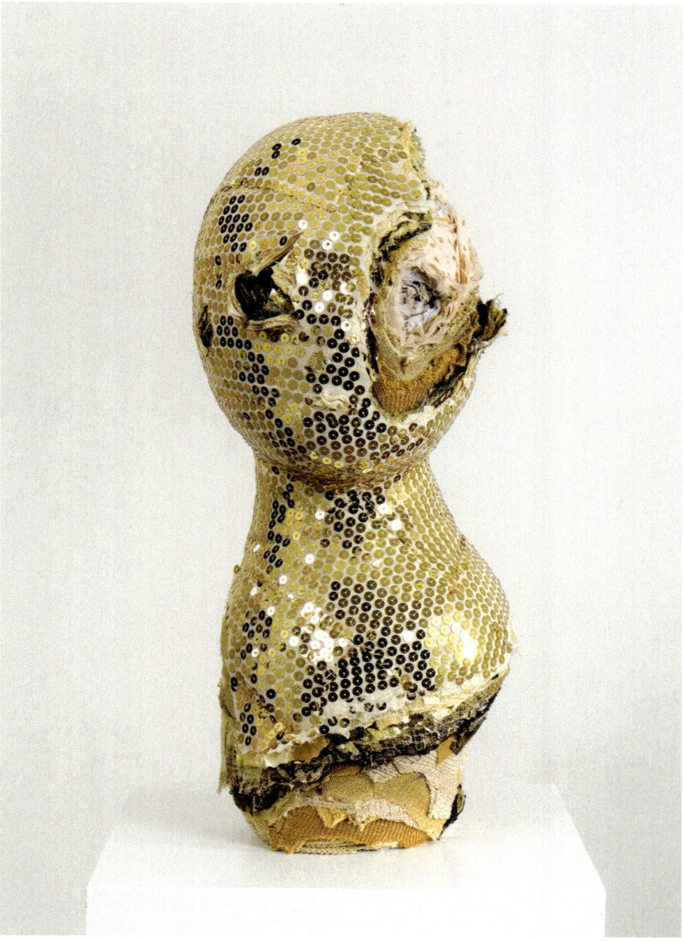

Kleine Diva, 2007

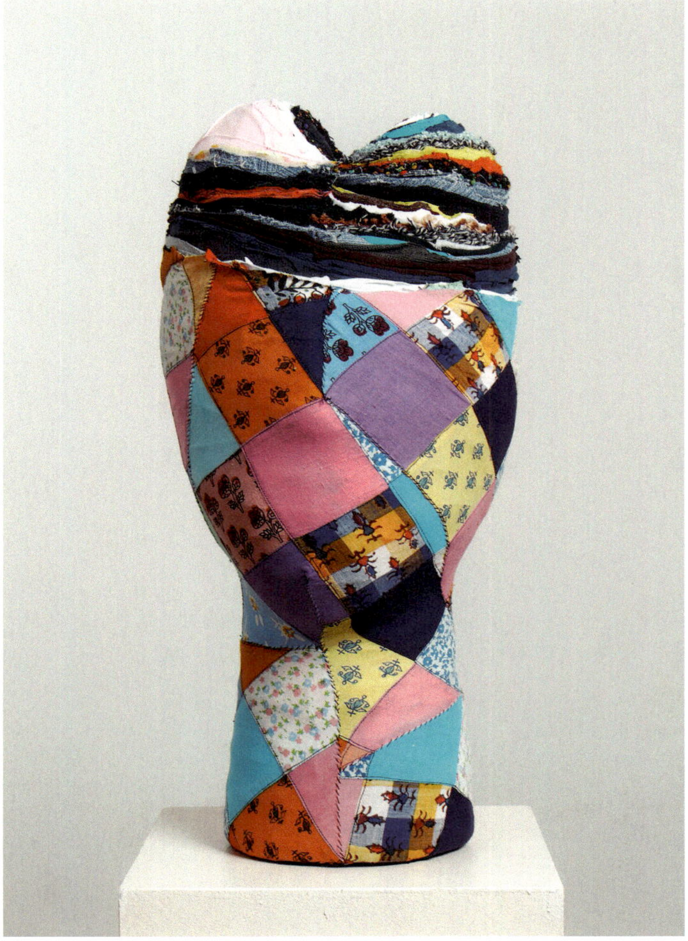

Efka, 2006

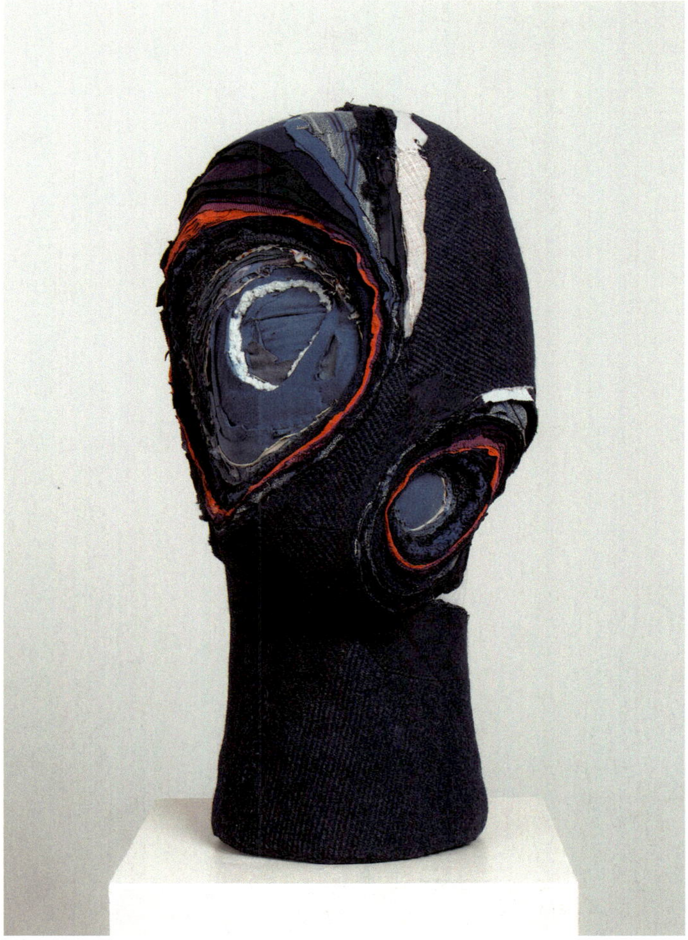

Blues, 2006

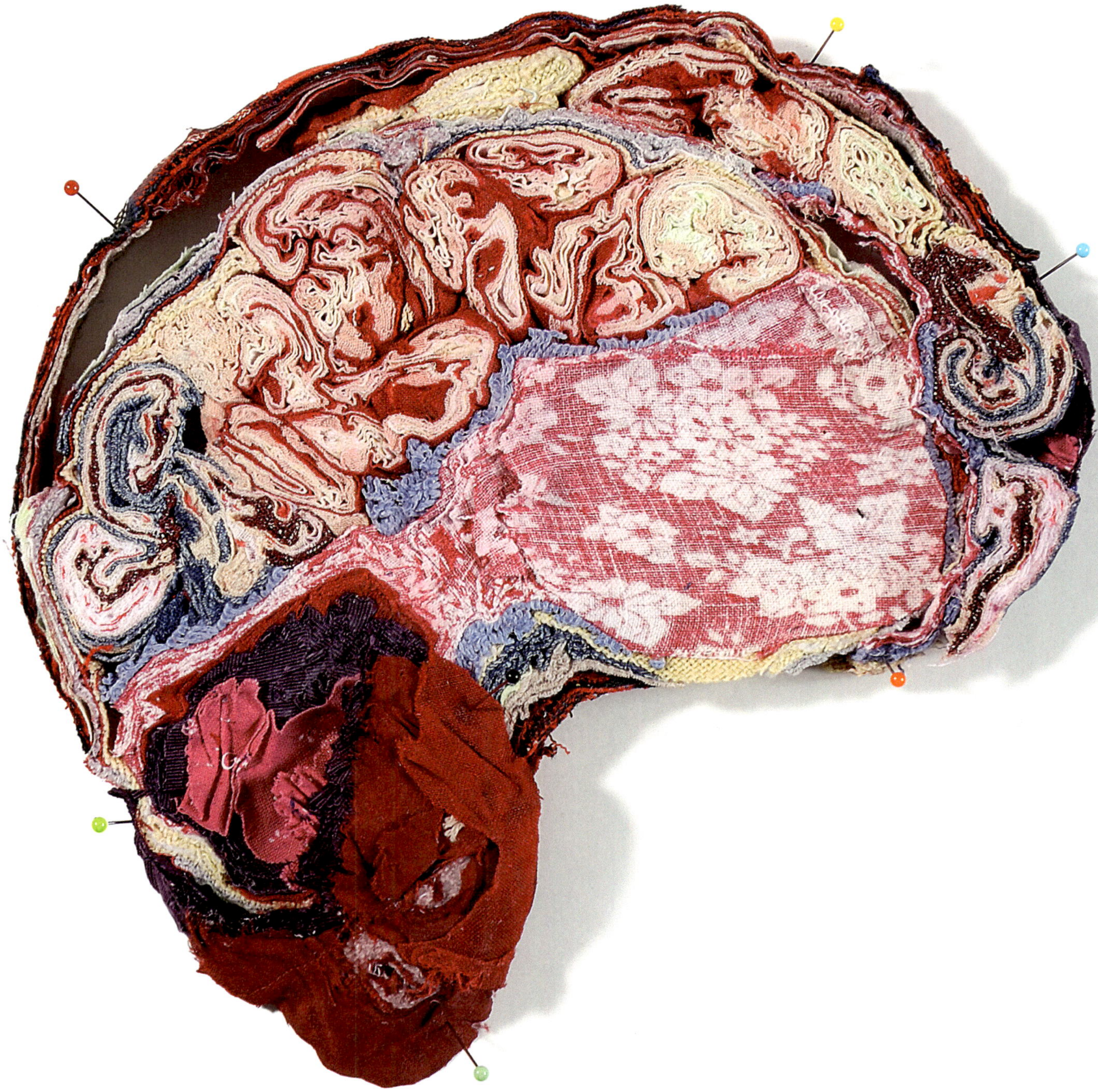

Hirschnitt (25/25), 2012

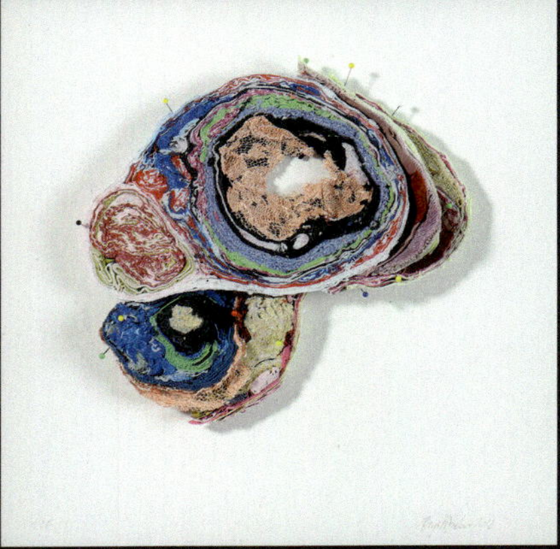
1/25

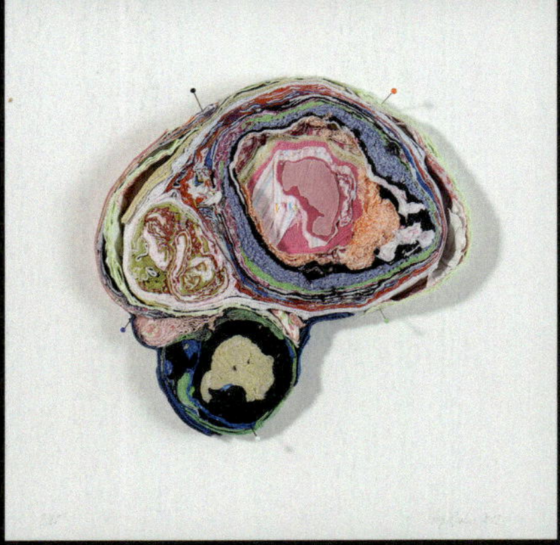
2/25

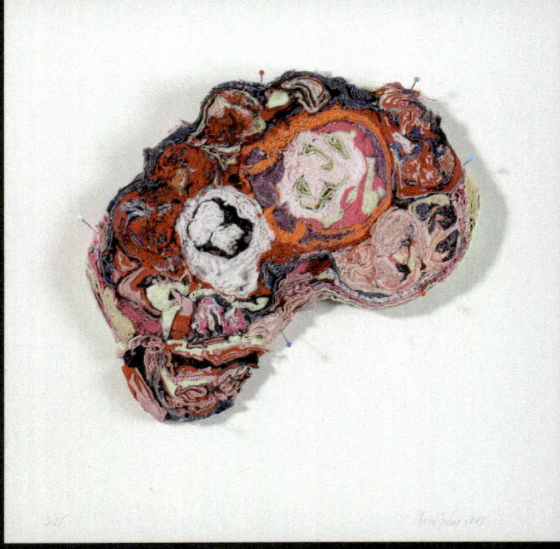
3/25

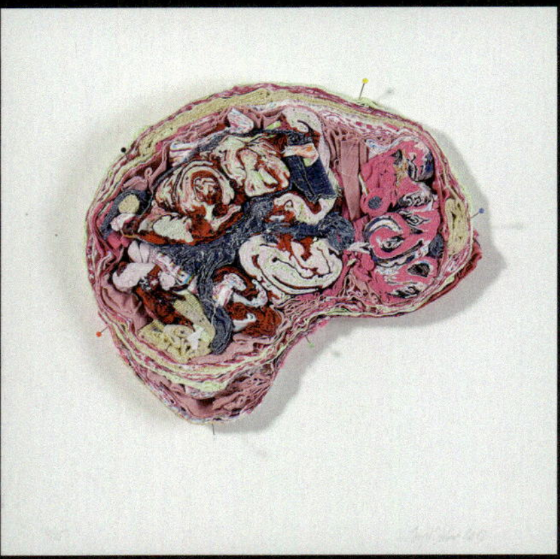
4/25

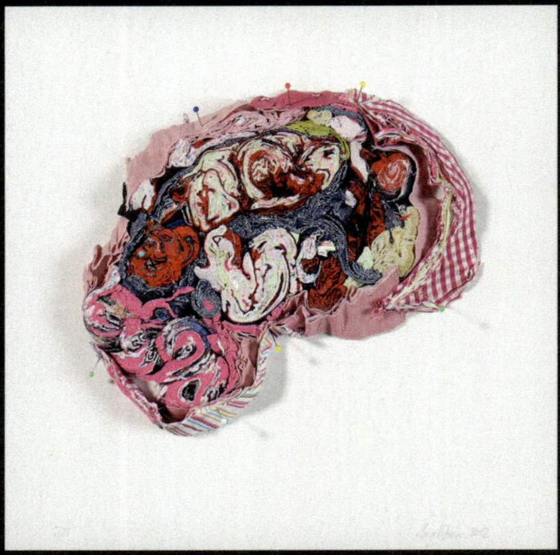
5/25

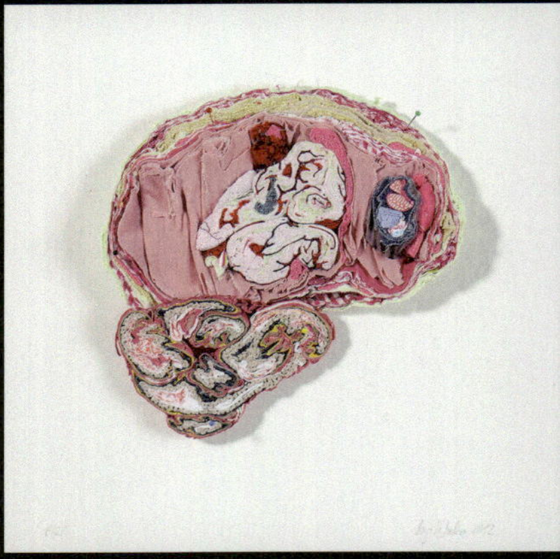
6/25

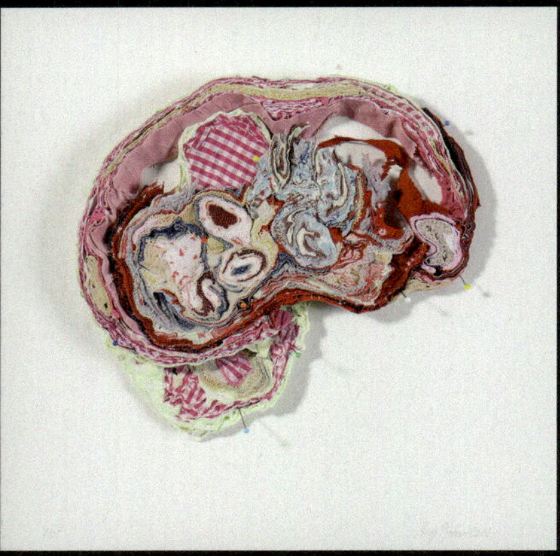
7/25

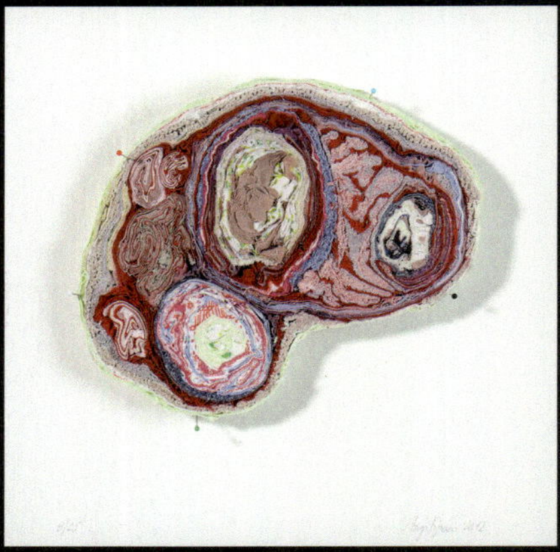
8/25

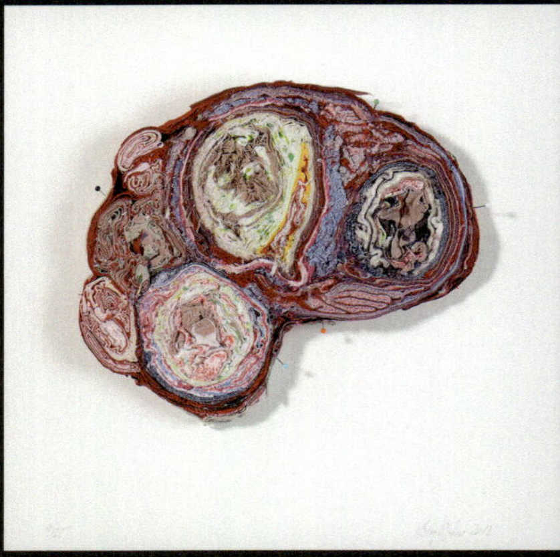
9/25

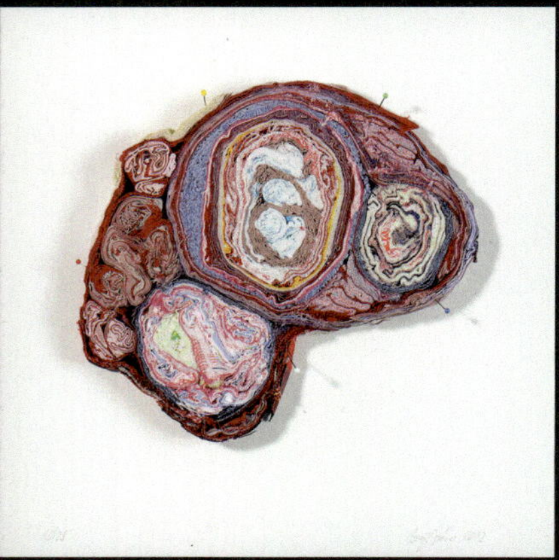
10/25

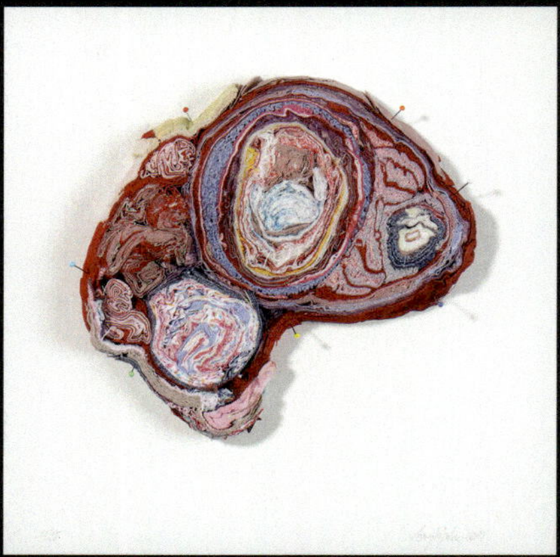
11/25

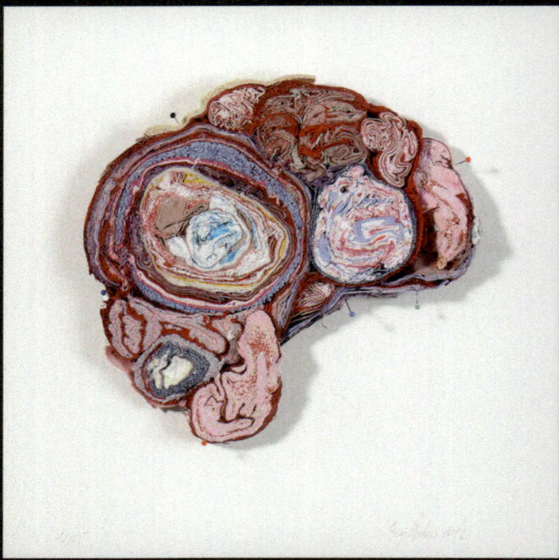
12/25

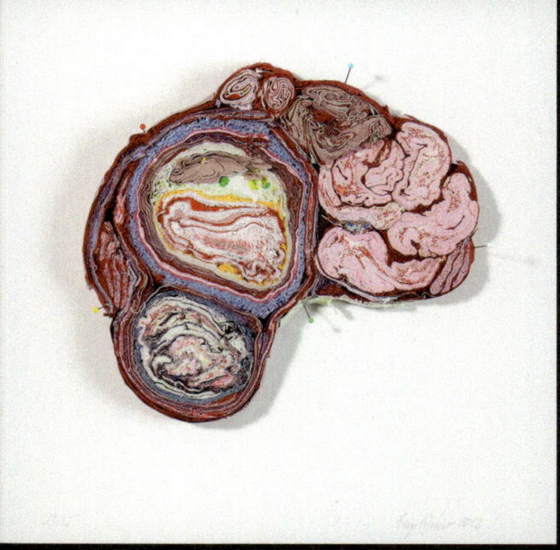

13/25

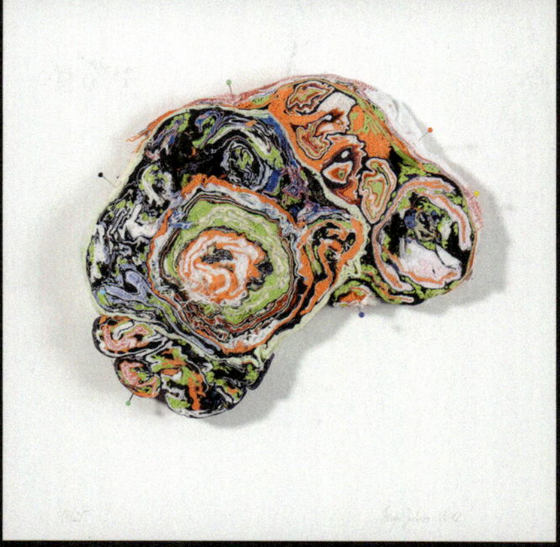

14/25

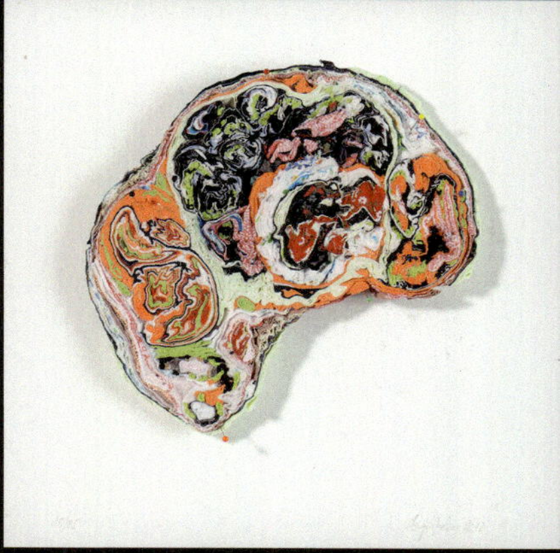

15/25

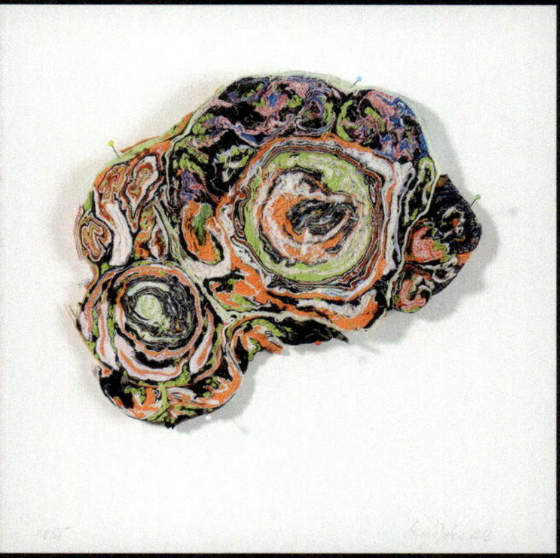

16/25

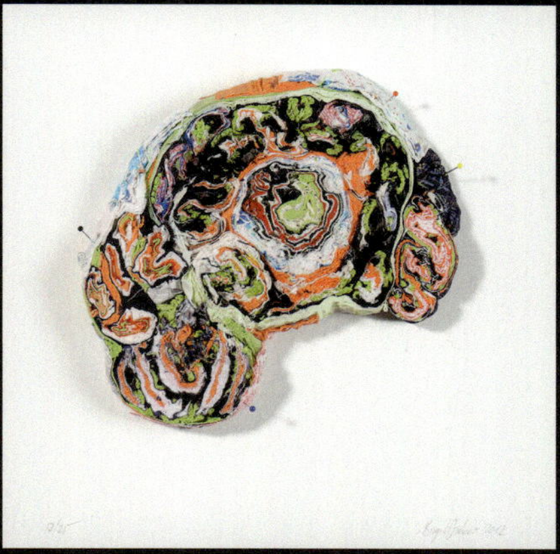

17/25

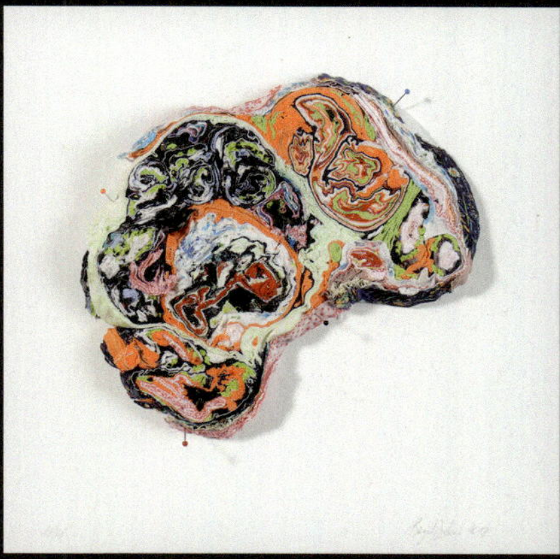

18/25

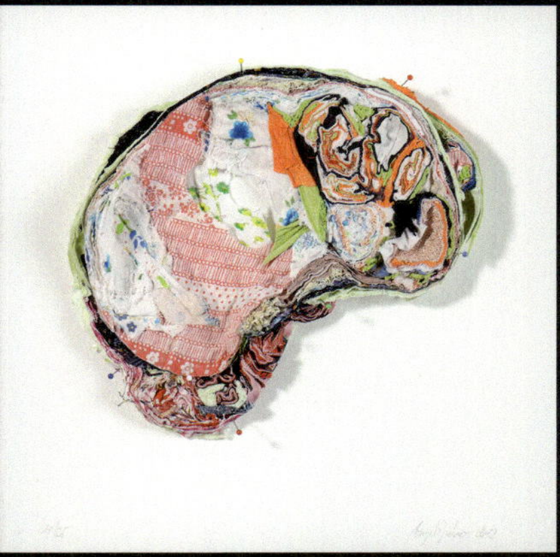

19/25

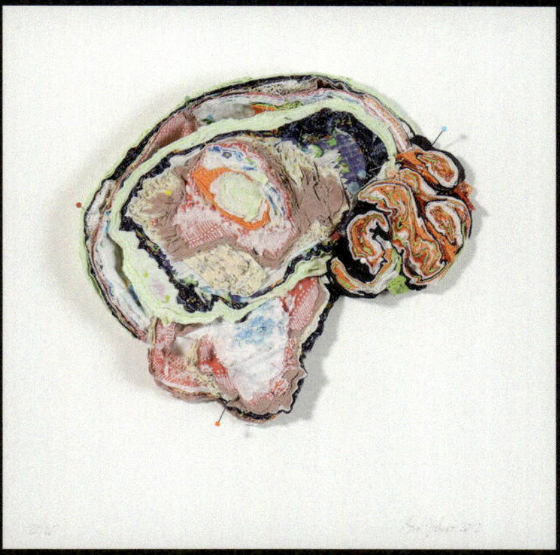

20/25

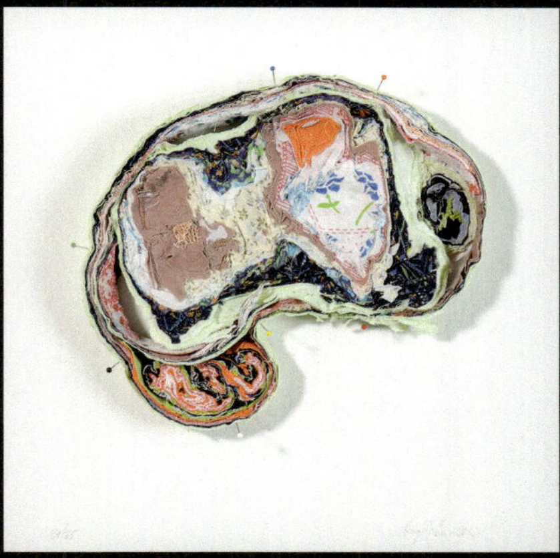

21/25

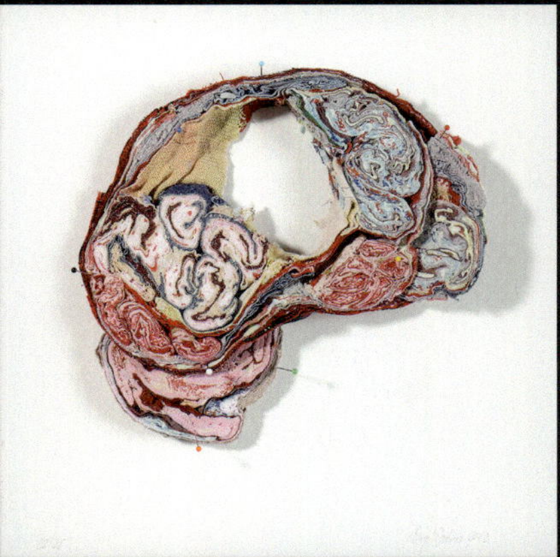

22/25

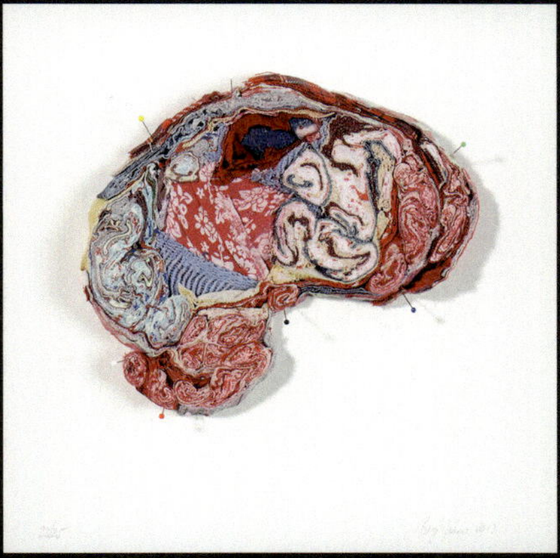

23/25

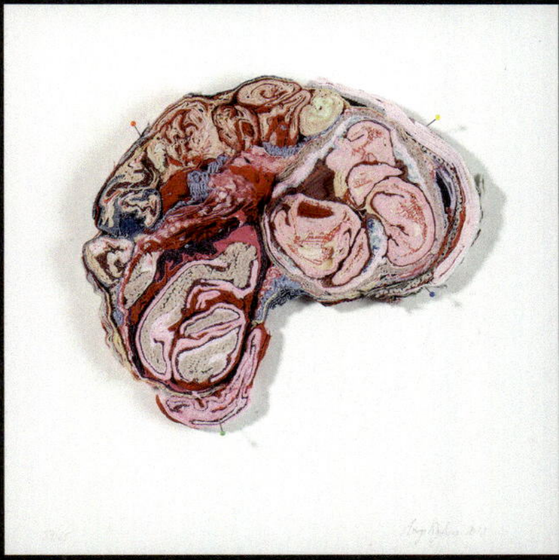

24/25

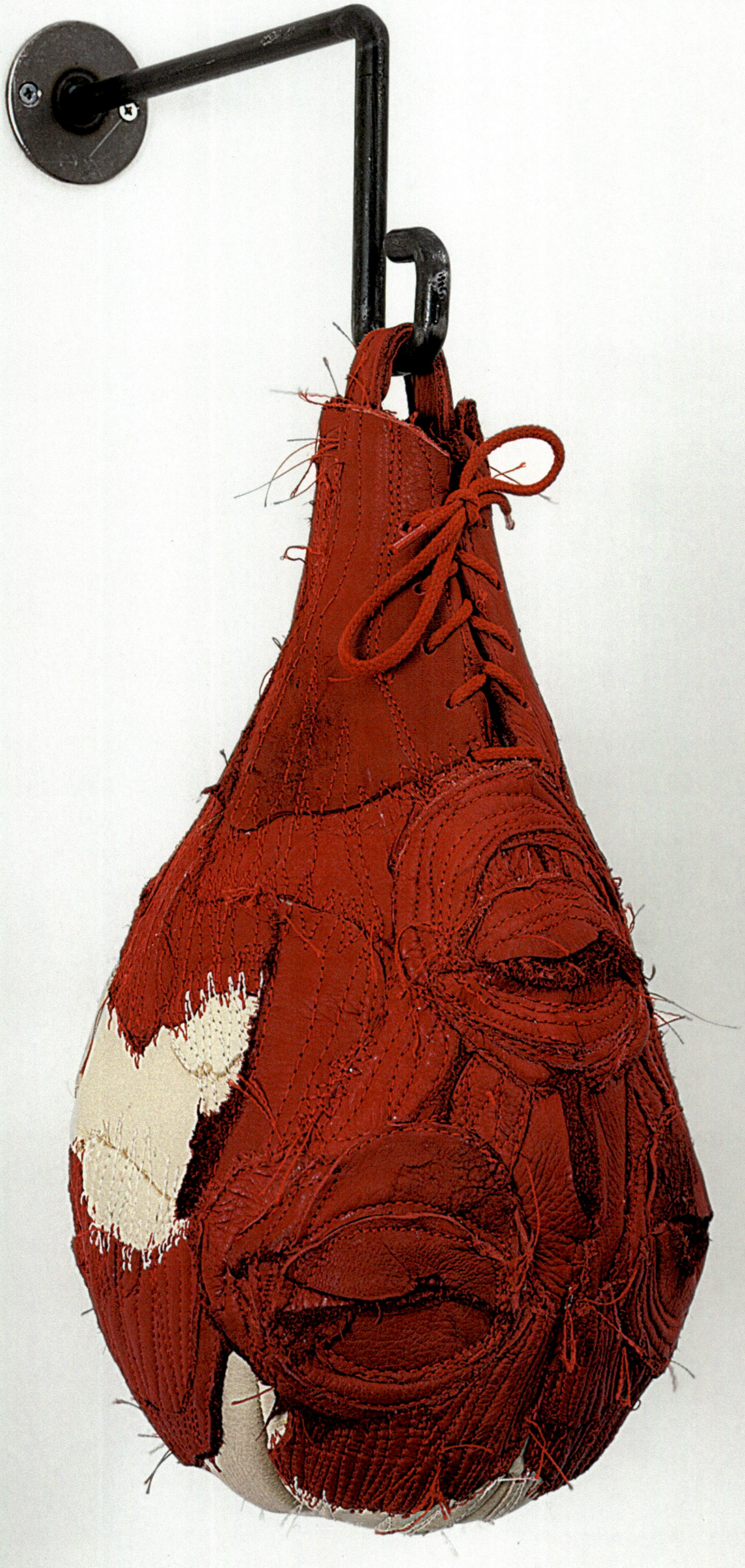

 Hitzkopf, 2005

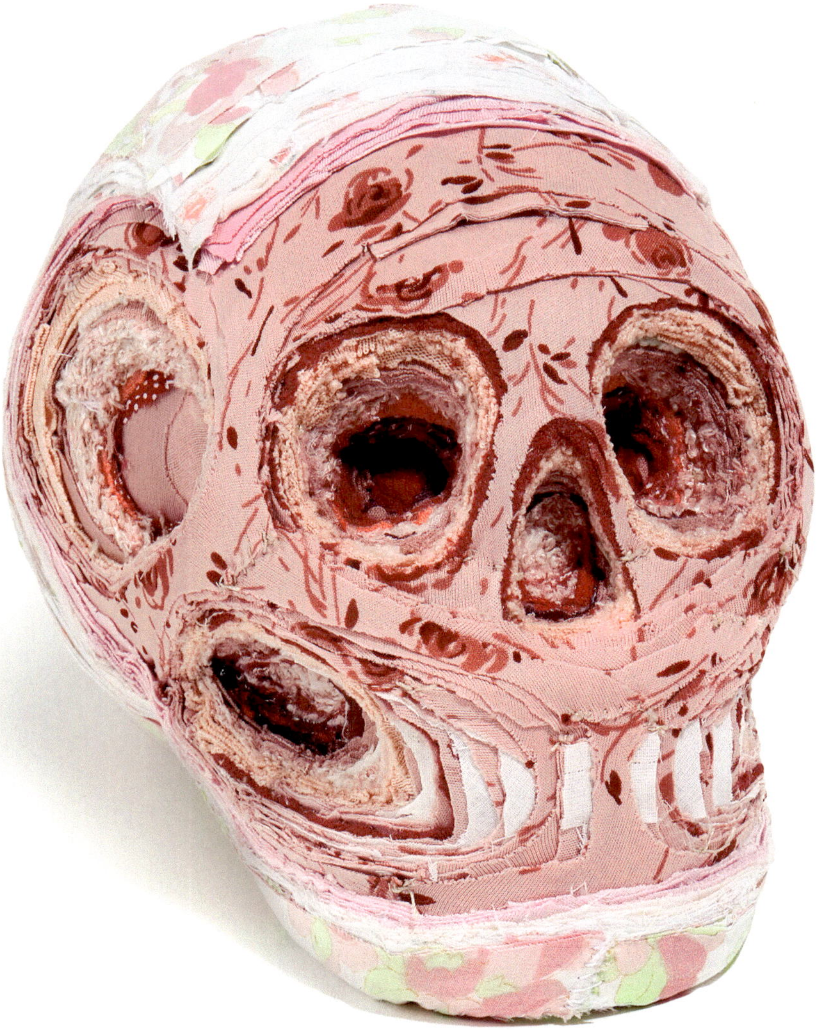

La Vie en Rose, 2007

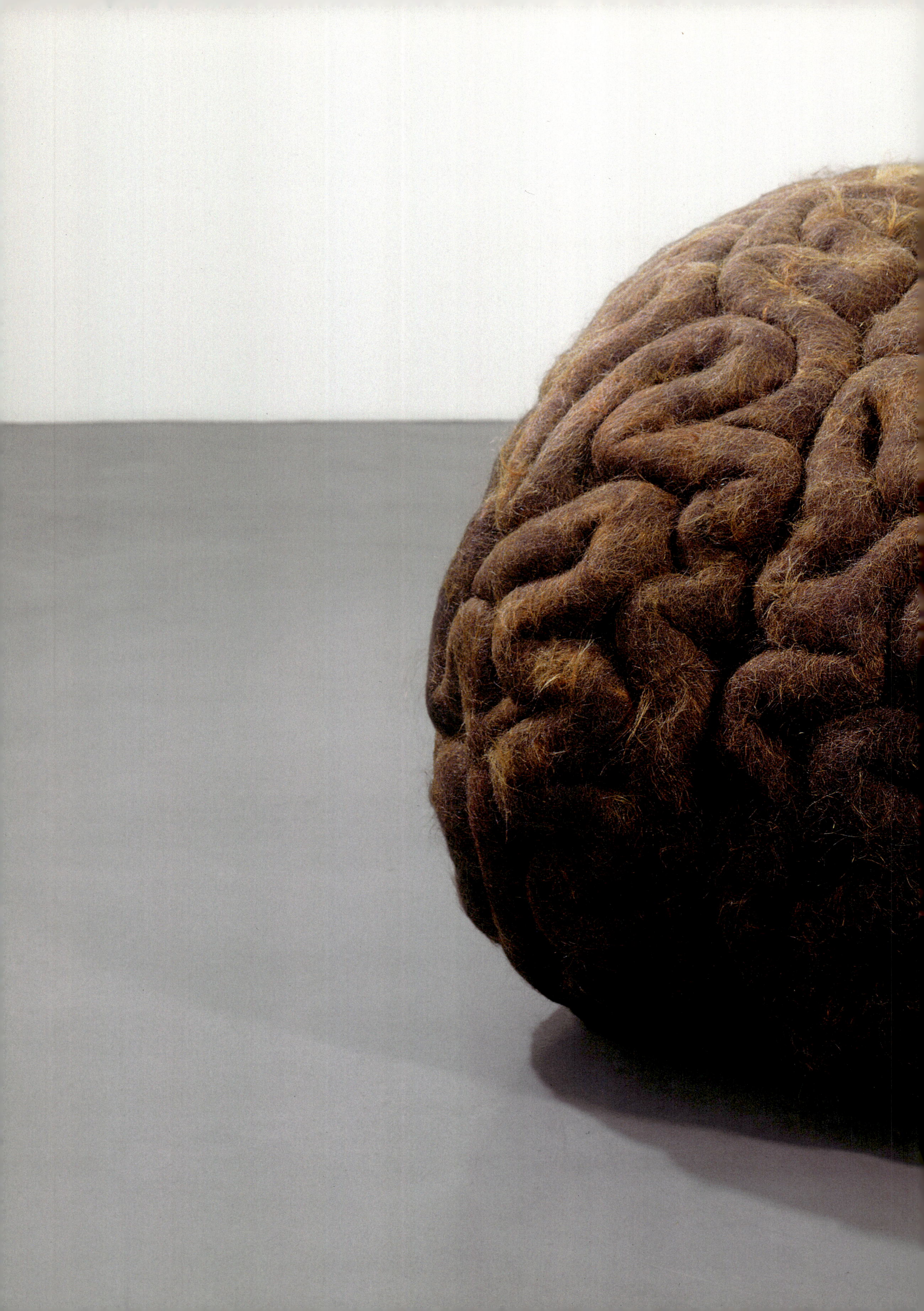

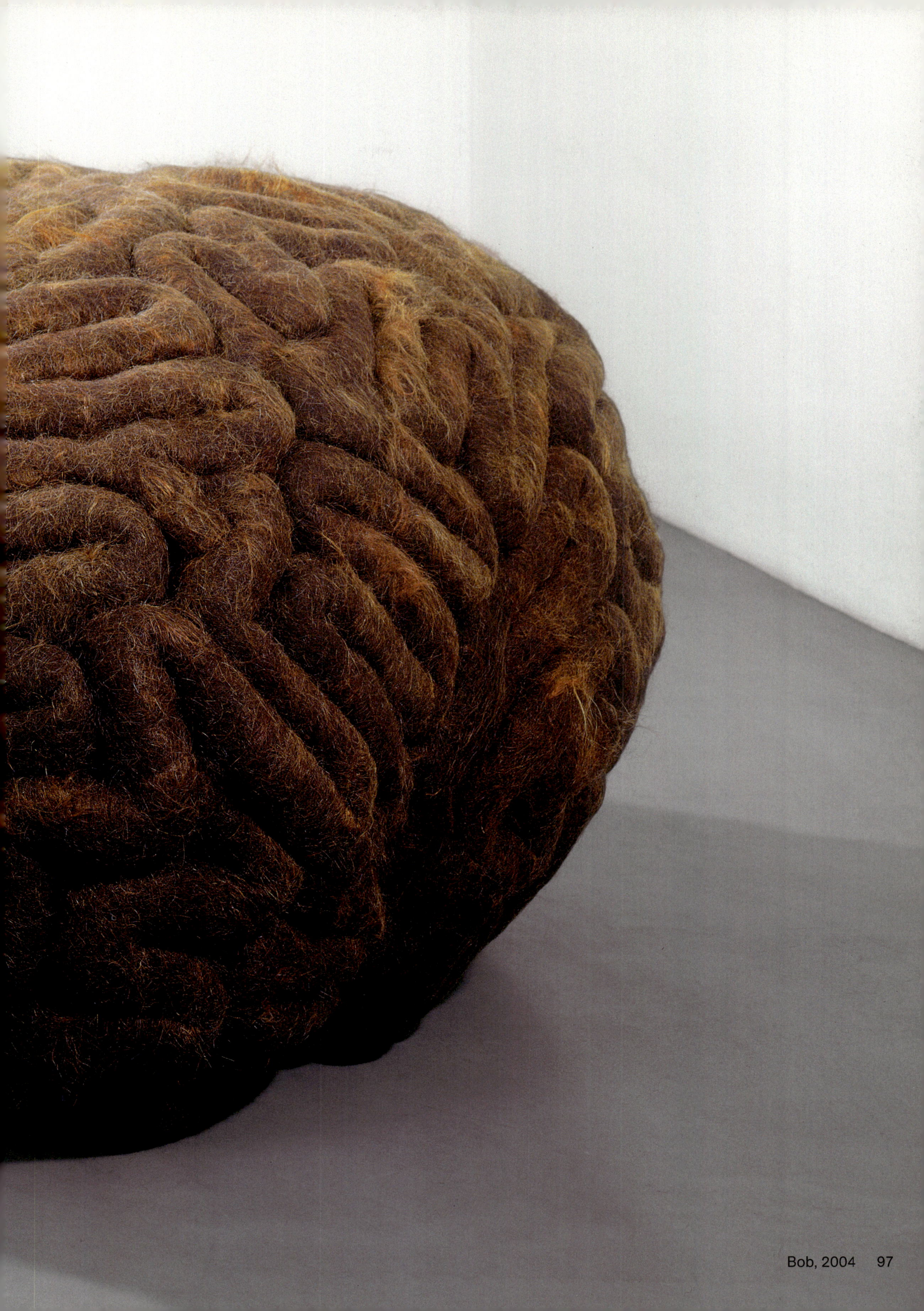

Bob, 2004

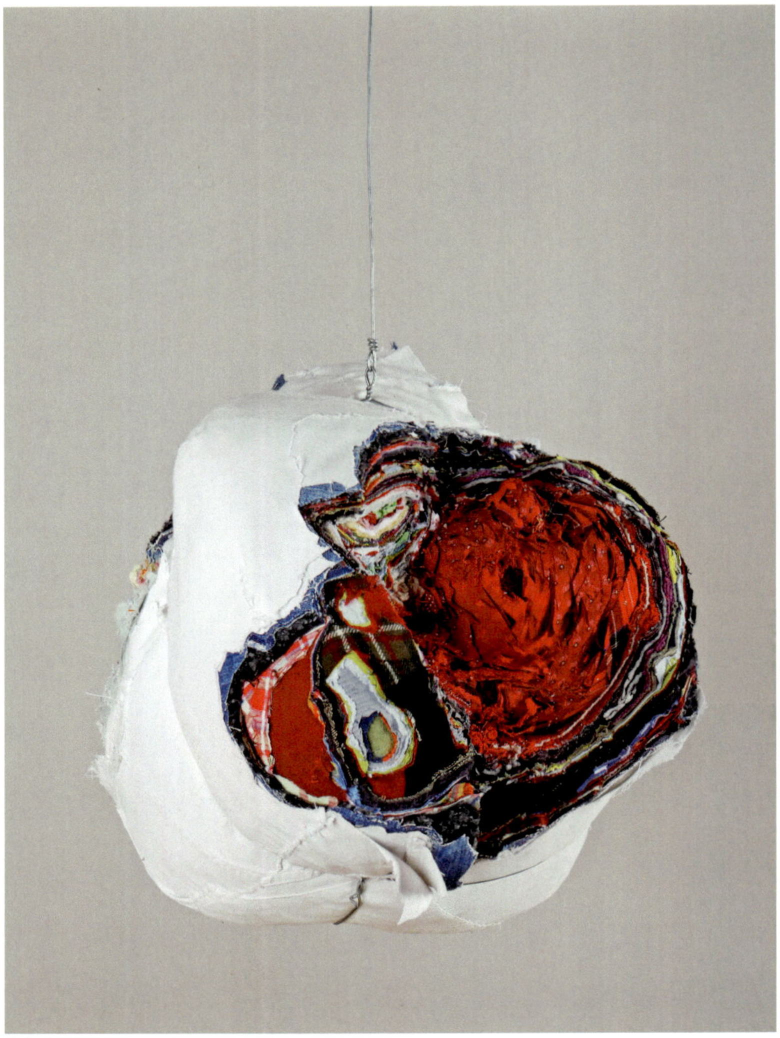

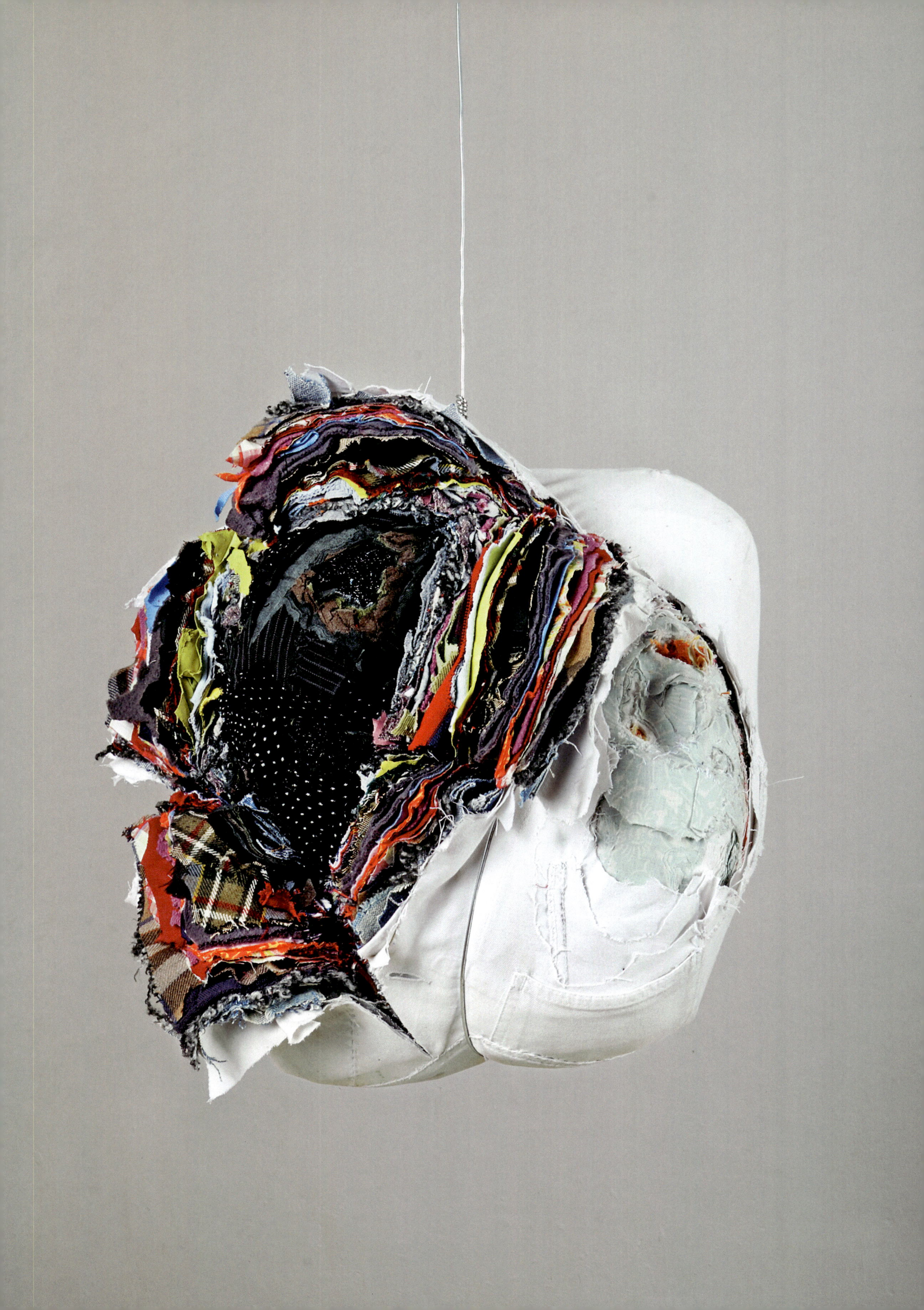

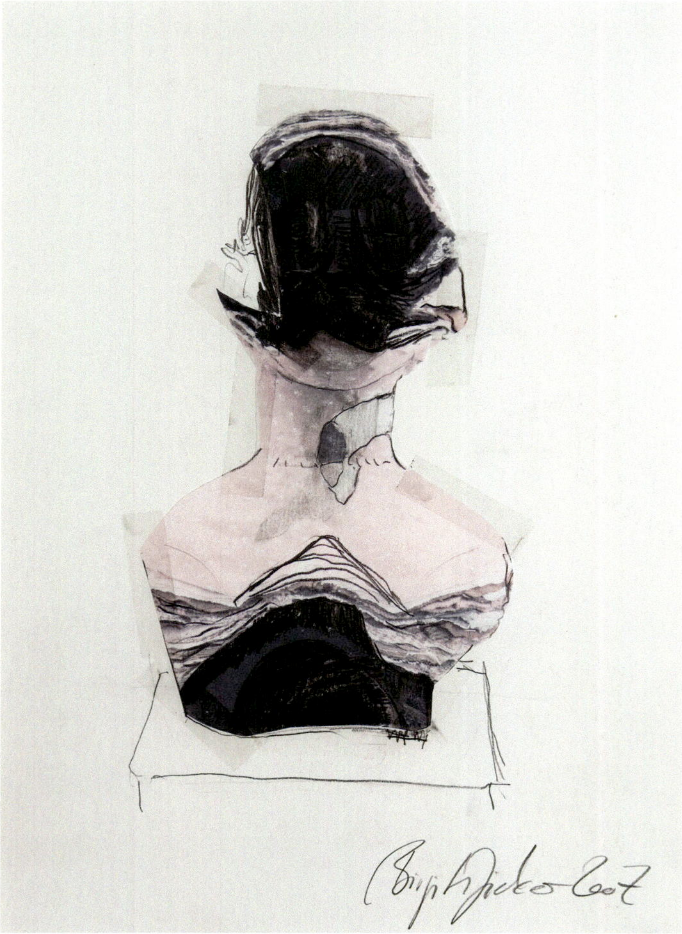

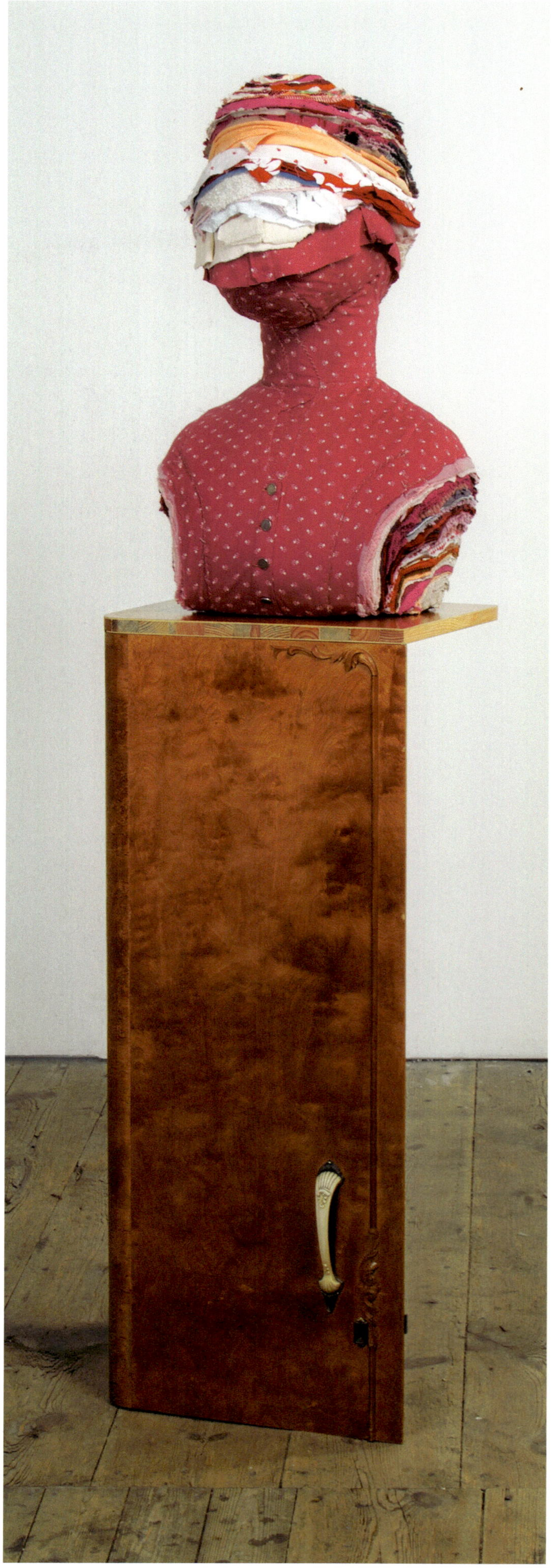

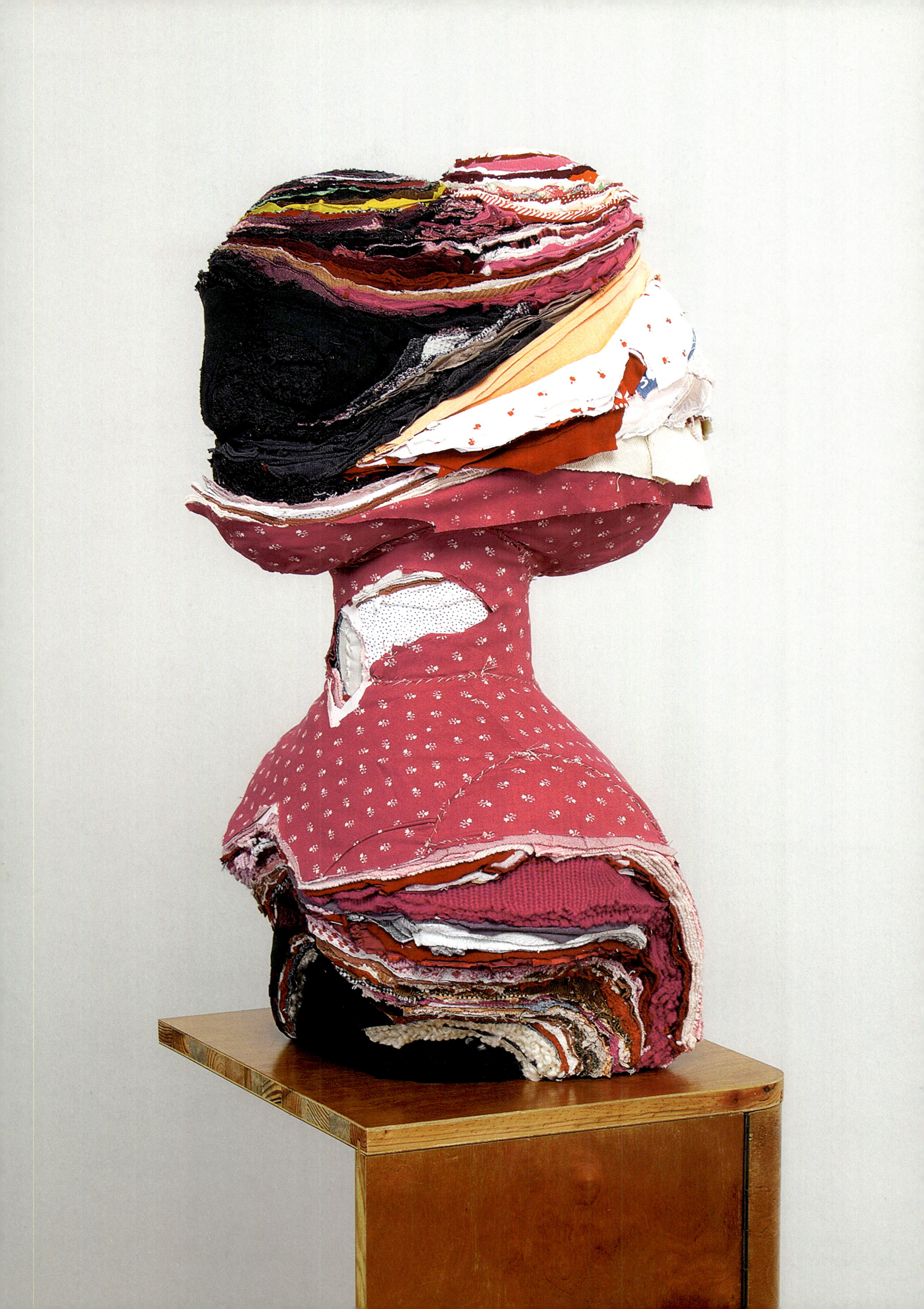

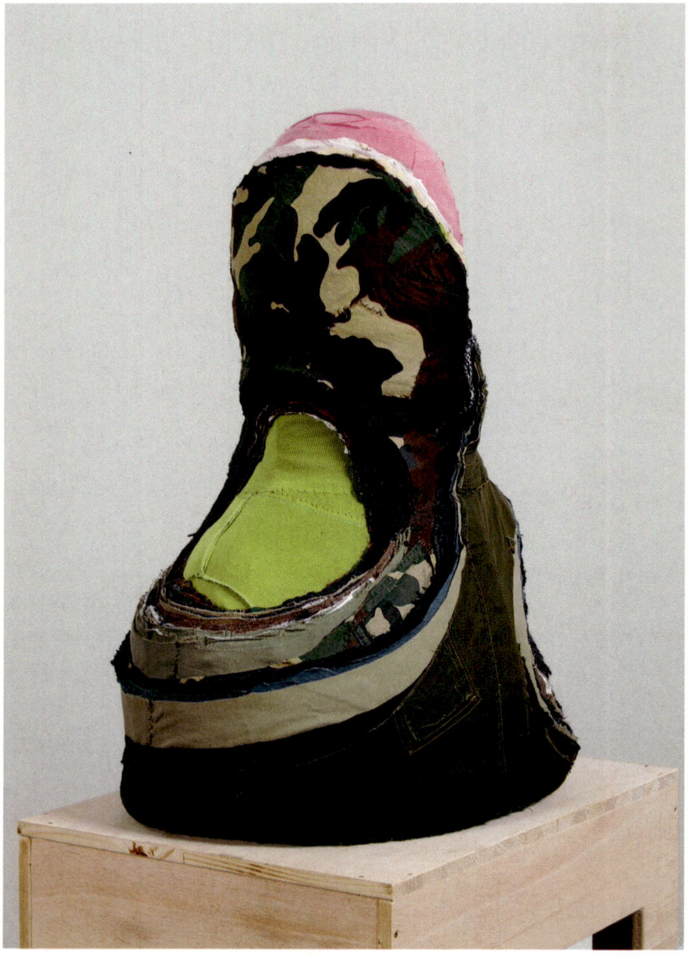

 Trum, 2006

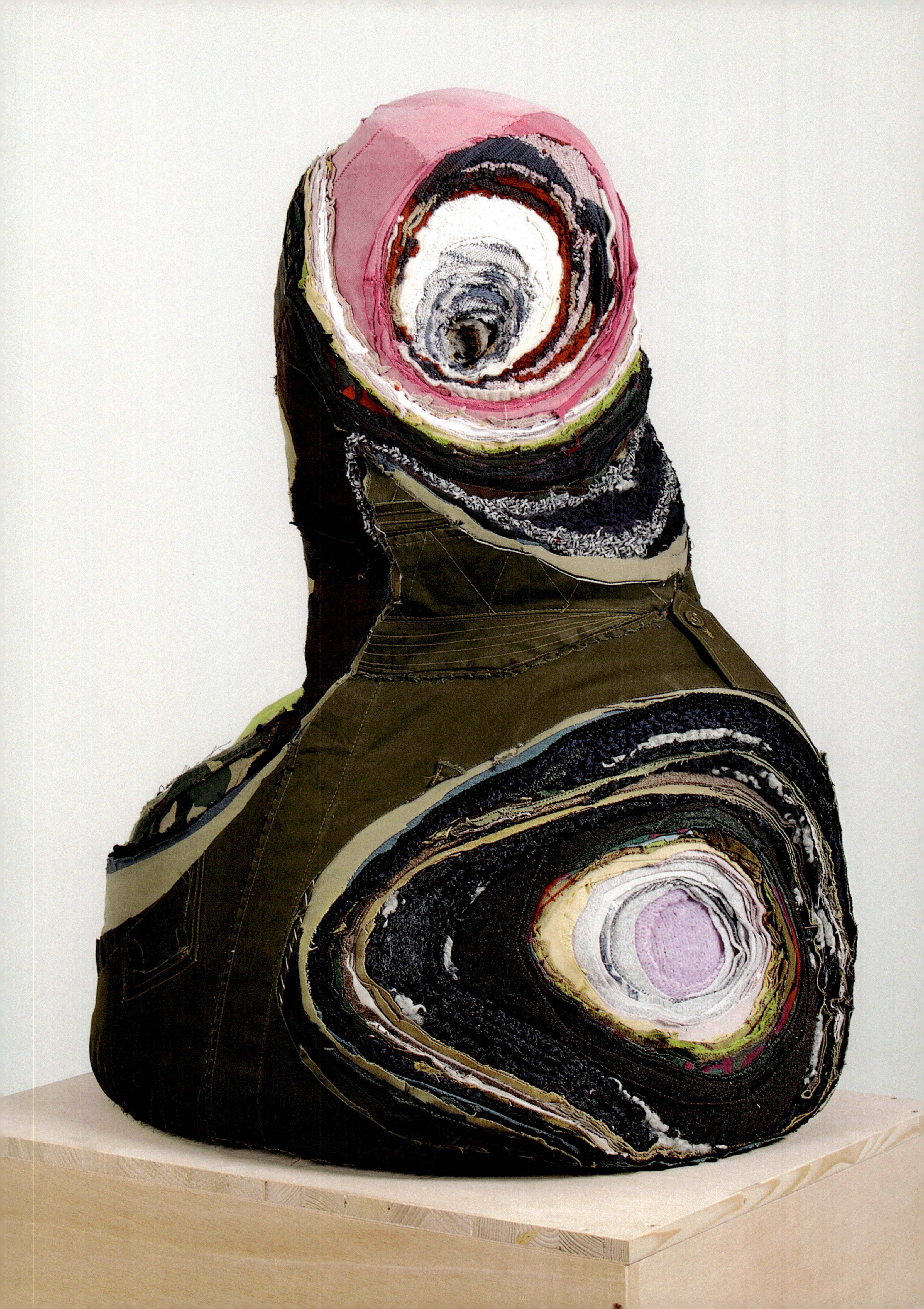

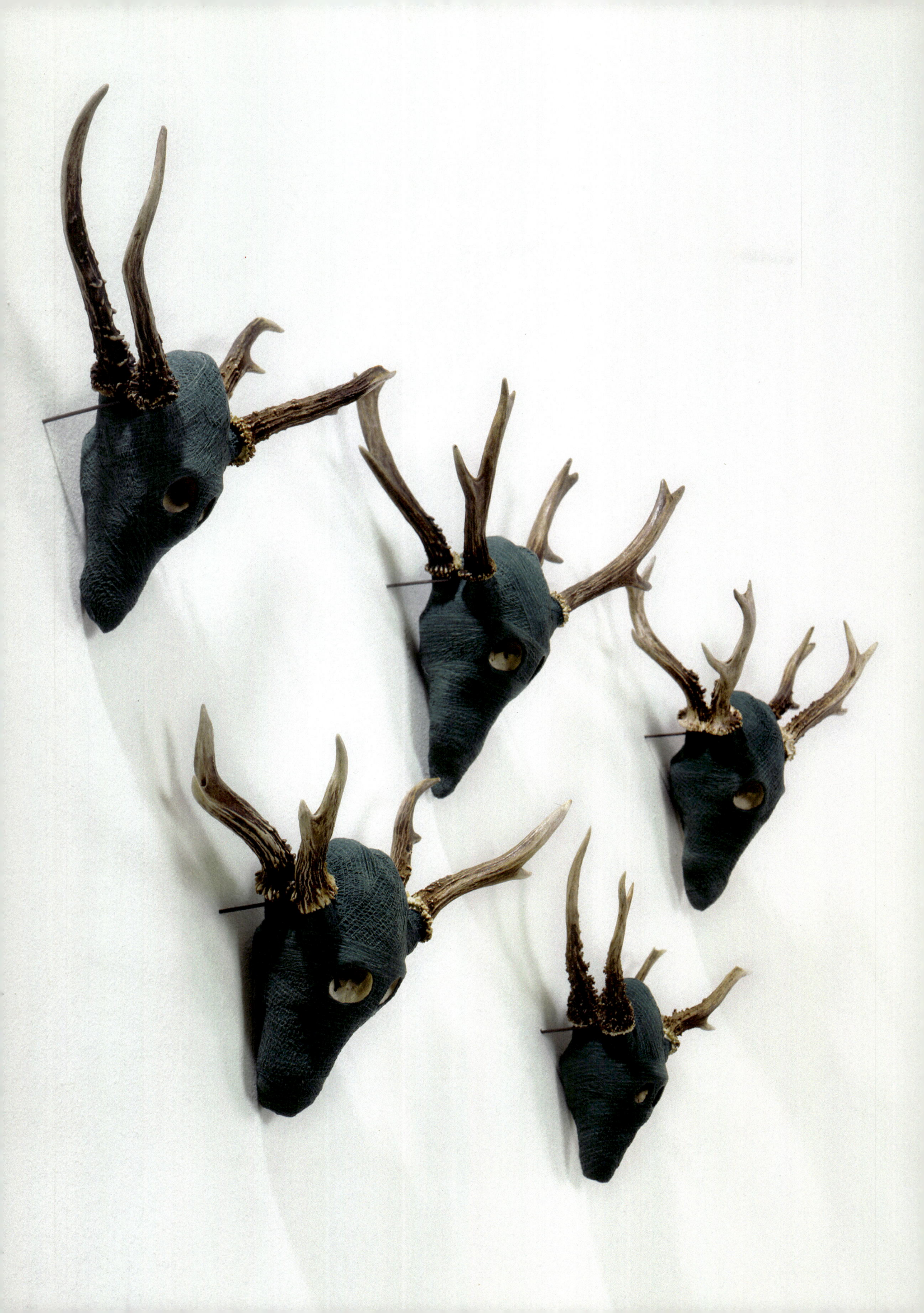

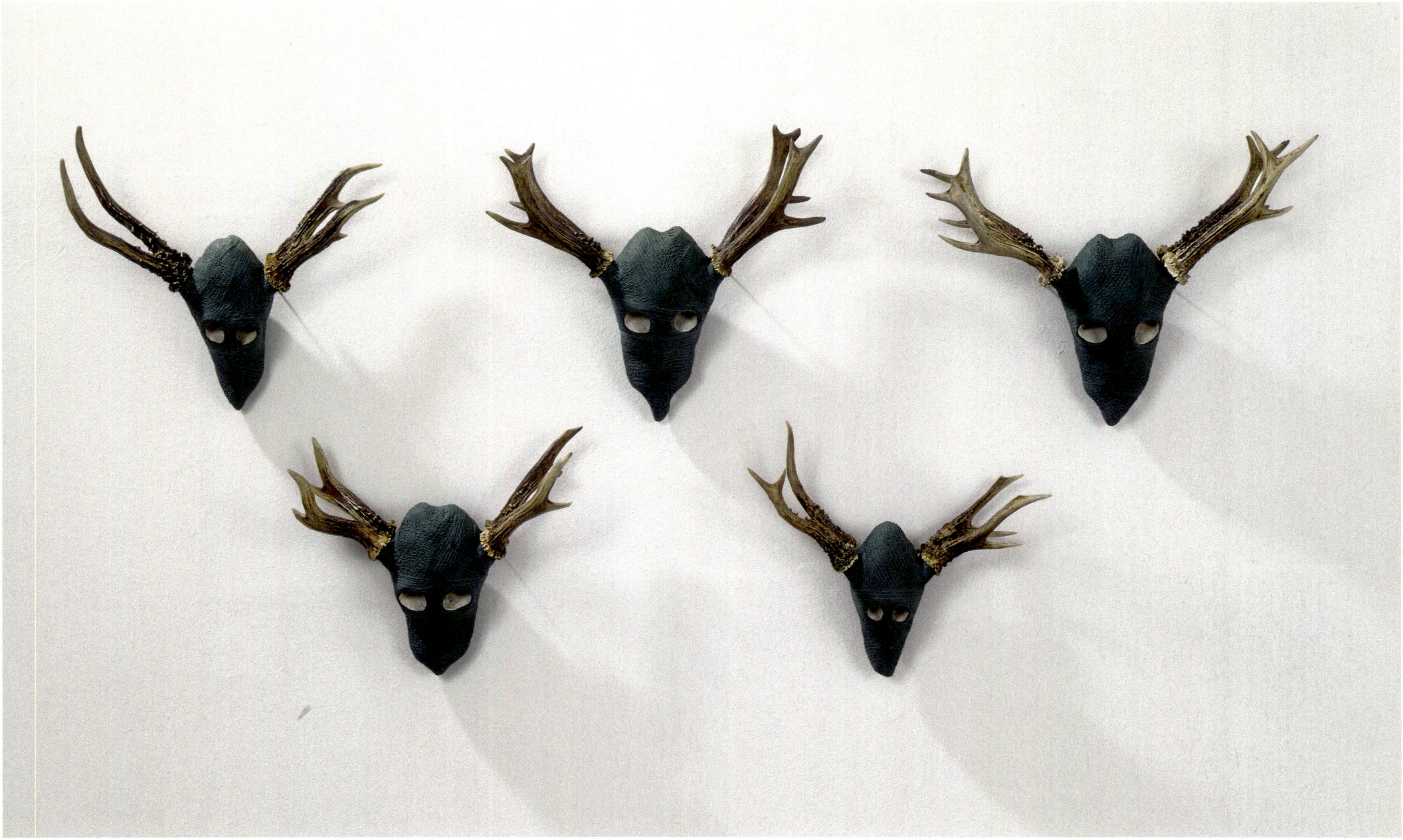

Heile, Heile, 2006

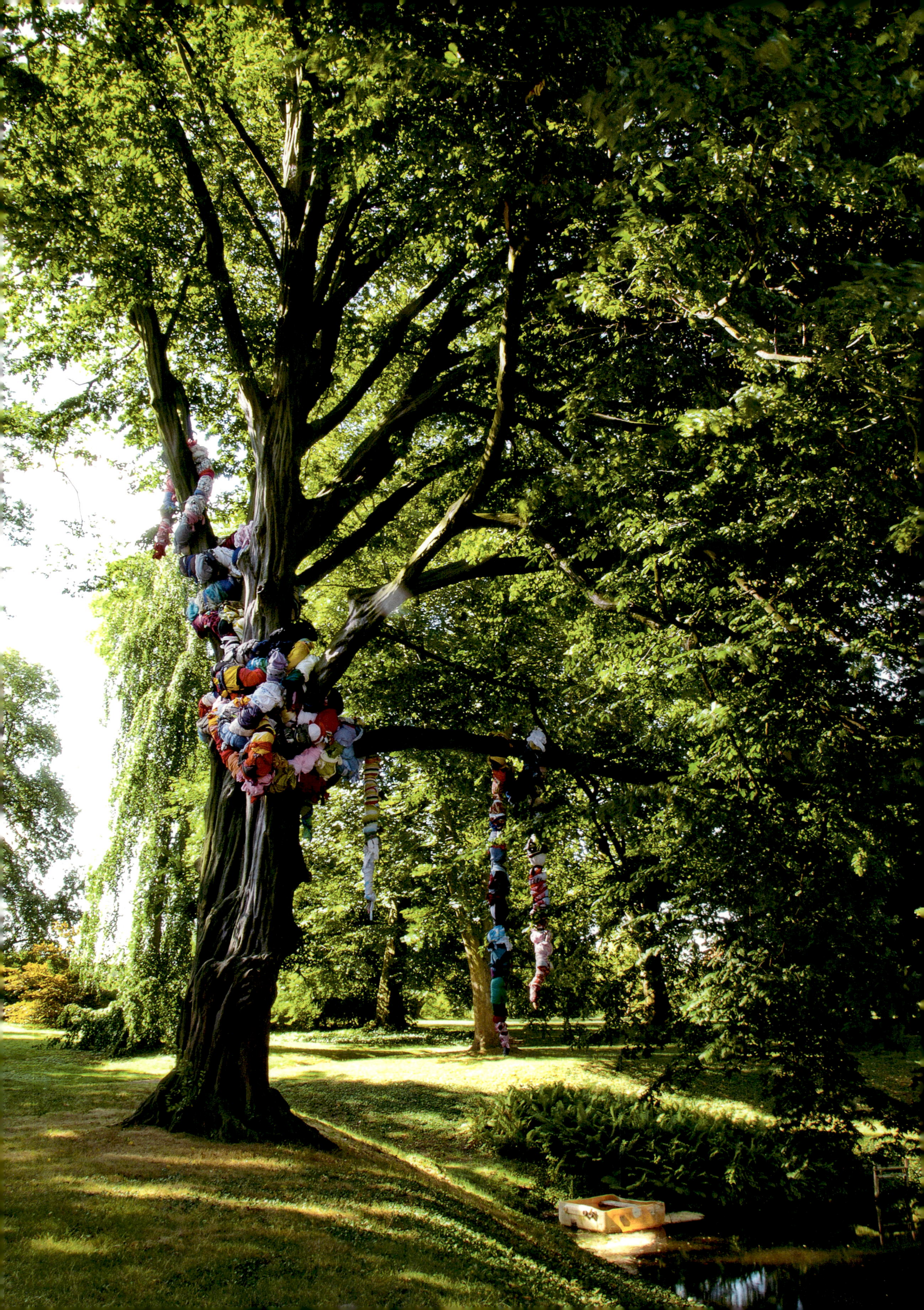

Werkliste

List of Works

25
Wildes Herz, Edition 15 / 15, 2003, Menschenhaar, Schafshaar, Füllmaterial, Objektkasten: Acrylhaube, Holz, Lack / Human hair, sheep hair, filling material, show case: acrylic glass hood, wood, lacquer, 26 × 21 × 31 cm, im Besitz der Künstlerin / Property of the artist

27
Wirbel, 2002, Kleidung, Styropor, Stahl / Clothing, polystyrene, steel, Höhe / Height 640 cm, im Besitz der Künstlerin / Property of the artist

28–29
Olga, 2006 / 2007, Kleidung / Clothing, 189 × 80 × 40 cm, Privatsammlung / Private collection, Philadelphia

30–31
Beasty Girl, 2001, Menschenhaar, Schafshaar, Glasaugen, Epoxidharz / Human hair, sheep hair, glass eyes, epoxy resin, 175 cm, Sammlung / Collection Susan R. Crossley

32–33
Nervensache, 2003, Nadelstreifenanzug, Kordeln, Bügel / Pinstripe suit, cords, clothes hanger, 170 × 50 × 30 cm, im Besitz der Künstlerin / Property of the artist

34–39
Innerer Schweinehund, 2003, Menschenhaar, Schafshaar, Füllmaterial / Human hair, sheep hair, filling material, 90 × 380 × 90 cm, Stiftung Stadtmuseum Berlin, Skulpturensammlung

40–41
La petite mort, 2003, Stoff, Kordeln, Füllmaterial / Fabric, cords, filling material, 50 × 180 × 140 cm, im Besitz der Künstlerin / Property of the artist

43
Bad Mummy, 2005, Leder, Nieten, Füllmaterial, Barhocker / Leather, rivets, filling material, barstool, 155 × 70 × 55 cm, Sammlung / Collection Amélie Nothomb

44–45
Triumph, 2005, Mieder, Seil, Füllmaterial / Shapewear, rope, filling material, 220 × 70 × 70 cm, Allen & Kelli Questrom Sammlung / Collection

46–47
Mad Max, 2005, Motorradanzüge, Polyester, Schaumgummi / Motorbike suits, polyester, foam rubber, 130 × 110 × 110 cm, Sammlung / Collection Jean-Luc Richard

48
Krone, 2004, Leder, Nieten, Schnallen, Gestell: Edelstahl / Leather, rivets, buckles, stainless steel stand, 110 × 45 × 45 cm, Sammlung Diehl, Berlin / Moskau / Collection Diehl, Berlin / Moscow

49
O.T. (Night of the Paw), Edition 1/3, 2010, Boxhandschuhe (Leder, Rosshaar, Stoff, Schnürsenkel) / Boxing gloves (leather, horsehair, fabric, laces), 52 × 27 × 19 cm, Sammlung / Collection G. Hoffmann

50–51
Arme, 2011, Kleidung / Clothing, 15 × 39 × 29 cm, Privatsammlung, Köln / Privat collection, Cologne

50–53
Arme, Edition 1/3, 2011, Meißner Porzellan® / Meissen porcelain, 14 × 39,5 × 27,5 cm, im Besitz der Künstlerin / Property of the artist

54–55
Beine, 2011, Kleidung / Clothing, 57 × 30 × 42 cm, im Besitz der Künstlerin / Property of the artist

62, 68–69
Anita, 2011, Kleidung, Barhocker / Clothing, barstool, 183 × 65 × 80 cm, SØR Rusche Sammlung / Collection Oelde / Berlin

70–73
Schwerer Schlaf, 2005, Bitumen, Nägel, Styropor / Bitumen, nails, polystyrene, 85 × 260 × 200 cm, im Besitz der Künstlerin / Property of the artist

74–77
Blasen, 2010–2012, Leder, Stahlseil, Polyurethanschaum, Draht, Gips, Nessel / Leather, steel rope, polyurethane foam, wire, plaster, nettle, 186 × 113 × 96 cm, im Besitz der Künstlerin / Property of the artist

78–79
Seelenfänger, 2005, Rettungsringe, Taue, Stahl, Styropor / Lifebelts, ropes, steel, polystyrene, Höhe / Height 350 cm, Skulpturensammlung, Staatliche Kunstsammlungen Dresden

80–81
Luft holen, 2005, Gummi, Hohlglaskugeln, Stahlring, Stahlseil / Rubber, hollow glass balls, steel ring, steel rope, 140 × 55 × 40 cm, Sammlung Diehl, Berlin / Moskau / Collection Diehl, Berlin / Moscow

83
Rosie, 2007, Kleidung / Clothing, 184 × 65 × 65 cm, im Besitz der Künstlerin / Property of the artist

84–85
Glamour, 2008, Kleidung, Sockel: Holz, Lack / Clothing, pedestal: wood, lacquer, 101 × 45 × 33 cm, Sammlung / Collection Philara, Düsseldorf

87
Familie, 2008, Kleidung der portraitierten Familie / Clothing of the portrayed family, 85 × 60 × 45 cm, Privatsammlung / Private collection Hoffmann, Rydzek

88
Holly, 2010, Kleidung, Gardine, Sockel: Schranktüren (Holz) / Clothing, drape, pedestal: cupboard doors (wood), 47,5 × 30 × 30 cm, im Besitz der Künstlerin / Property of the artist

Der Schwarze, 2006, Kleidung / Clothing, 55 × 24 × 33 cm, Sammlung / Collection Martin Z. Margulies

Zipolle, 2006, Kleidung / Clothing, 50 × 26 × 30 cm, Sammlung / Collection Martin Z. Margulies

89
Buck, 2006, Kleidung / Clothing, 51 × 26 × 31 cm Privatsammlung / Private collection

Kleine Diva, 2007, Kleidung / Clothing, 53 × 24 × 25 cm, Skulpturensammlung, Staatliche Kunstsammlungen Dresden

Efka, 2006, Kleidung / Clothing, 54 × 26 × 32 cm, Sammlung / Collection Stephan Balzer

Blues, 2006, Kleidung / Clothing, 50 × 26 × 30 cm, Privatsammlung / Private collection, Berlin

91–93
Hirnschnitte, Edition 25/25, 2012, Kleidung, Stecknadel, Karton / Clothing, pin, cardboard, 29 × 29 × 3 cm
1/25: Sammlung / Collection Hildebrand, Leipzig; 3, 8, 16/25: SØR Rusche Sammlung / Collection, Oelde / Berlin; 4, 17/25: Privatsammlung / Private collection Hoffmann, Rydzek; 5, 9, 11, 25/25: Privatsammlungen / Private collections, Berlin; 6/25: Privatsammlung / Private collection ASIA; 7/25: Privatsammlung / Private collection Dr. Rysopp, Hannover / Hanover; 10/25: Sammlung / Collection G. Hoffmann; 12/25: Eva & Lothar C. Poll; 13/25: Privatsammlung / Private collection, Hamburg; 14/25: Privatsammlung, Köln / Private collection, Cologne; 18/25: Sammlung / Collection Philara, Düsseldorf; 19/25: Stefanie Busold, Hamburg; 23/25: Sammlung / Collection Florian Schüßler, Hastings; 24/25: Gerda & Hubert Dieker

94
Hitzkopf, Edition 3/3, 2005, Leder, Stahl, Füllmaterial / Leather, steel, filling material, 50 × 20 × 35 cm, Privatsammlung / Private collection, Berlin

95
La Vie en Rose, 2007, Kleidung / Clothing, 19 × 25 × 18 cm, Privatsammlung / Private collection, New York

96–97
Bob, 2004, Menschenhaar, Schafshaar, Füllmaterial, Styropor / Human hair, sheep hair, filling material, polystyrene, 95 × 160 × 130 cm, Privatsammlung / Private collection ASIA

98–99
Ei Ei Ei, 2008–2010, Kleidung, Draht / Clothing, wire, 50 × 47 × 43 cm, SØR Rusche Sammlung / Collection, Oelde / Berlin

100
Twins, 2007, Papiercollage, Bleistift, Klebestreifen / Paper collage, pencil, adhesive strip, 35 × 25 cm, Privatsammlung / Private collection, Hamburg

100–101
Twins, 2006/2007, Kleidung, Sockel: Schranktüren (Holz) / Clothing, pedestal: cupboard doors (wood), 69 × 42 × 39 cm, Privatsammlung / Private collection, Berlin

102–103
Trum, 2006, Kleidung / Clothing, 69 × 52 × 39 cm, Eric Decelle, Brüssel / Brussels

104–105
Heile, Heile, 2006, Rehgehörn, Bandagen / Deer antlers, bandages, 55 × 120 × 15 cm, Julian Solms Sammlung / Collection Julian Solms, Italien / Italy

107
Huckepack, 2010, Kleidung / Clothing, temporäre Installation / Temporary installation, *Survival / Überleben,* Neue Kunst in alten Gärten, Lenthe (Hannover / Hanover)

Biografie

Biography

1969
geboren / born in Gescher, Westfalen
lebt und arbeitet / lives and works in Berlin

1993–1999
Studium der Bildhauerei an der Universität der Künste, Berlin, Meisterschülerin von Prof. Michael Schoenholtz / Sculpture Studies at Universität der Künste, Berlin, student of Prof. Michael Schoenholtz's master class

1990–1999
Studium der Germanistik an der Technischen Universität und der Kunsterziehung an der Universität der Künste Berlin / Joint degree in German Studies at the Technische Universität Berlin and Art Pedagogy at Universität der Künste, Berlin

Auszeichnungen, Stipendien
Grants, Scholarships

2008
Arbeitsstipendium der Senatsverwaltung für Wissenschaft, Forschung und Kultur, Berlin / Scholarship from the Senate Department of Science, Research, and Culture, Berlin

2002
Preis der Ilse-Augustin-Stiftung zur Förderung der bildenden Künstler / Prize awarded by the Ilse Augustin Foundation to support fine artists (mit / with Renate Anger)

2001
Bernhard-Heiliger-Nachwuchsstipendiatin, Berlin / Bernhard Heiliger Emerging Artists Scholarship, Berlin

1999
Georg-Meistermann-Stipendium, Bonn / Georg Meistermann Scholarship, Bonn

1997
Stipendium des Cusanuswerks, Bonn / Cusanuswerk Scholarship, Bonn

1993
Teilnahme am Austauschprogramm der Universität der Künste Berlin mit dem Central Saint Martins College of Art and Design, London / Participation in the exchange programm between the Universität der Künste Berlin and Central Saint Martins College of Art and Design, London

Einzelausstellungen
Solo Exhibitions

2013
Kunstverein Münsterland e.V., Coesfeld

2012
Dura Mater, Stadtgalerie Saarbrücken
The Big Striptease, Kunstverein Friedrichshafen

2006
Headhunting, AMT Gallery, Como
Belles de jours, Galerie Nadine & Tom Verdier, Paris

2005
Glück Auf, Galerie Volker Diehl, Berlin

2003
Blutsbande, Märkisches Museum, Berlin
Stoffwechsel, Kunstverein Wolfenbüttel

2002
Die Autopsie des Schönen, Junge Kunst e.V., Wolfsburg
Kardio, Galerie Volker Diehl, Berlin

1999
garde-robe, Busche Galerie, Berlin

Ausgewählte Gruppenausstellungen
Selected Group Exhibitions

2013
Museum Kunst der Westküste, Föhr

2012
Der Blick auf Anatomie, Gestalt und Körper durch die Kunst, Kunsthalle am Hamburger Platz, Berlin
Die Leidenschaften – Ein Drama in fünf Akten, Deutsches Hygiene-Museum, Dresden

2009–2012
Niet Normaal – Difference on Display, Diversity in Art, Science & Society, Beurs van Berlage, Amsterdam; Kleisthaus, Berlin; Bluecoat, Liverpool

2011
Meissen artCAMPUS, Leipziger Baumwollspinnerei, Leipzig
Labor, Galerie EIGEN + ART, Berlin
Kunstkörperlich – Körperkünstlich 3, Bodies, Kunsthalle Dominikanerkirche, Osnabrück

2010
Night of the Pawn, Leipziger Baumwollspinnerei, Leipzig
Survival / Überleben, Neue Kunst in alten Gärten, Lenthe (Hannover / Hanover)
Wiedereröffnung des Albertinums, Staatliche Kunstsammlungen Dresden
Hypernatural, Kunstcampus Heidestraße, Berlin

2009
Fils Croisés, Galerie L. J., Paris
Selected Artists, Neue Gesellschaft für Bildende Kunst, Berlin

2008
Jubiläumsausstellung Teil II mit Skulptur/Installation/ Fotografie, Junge Kunst e.V., Wolfsburg
Evolution, Max Lang Gallery, New York
Facetten der Moderne. Das Menschenbild im Wandel., Skulpturensammlung, Staatliche Kunstsammlungen Dresden
Bêtes et méchants, Galerie Nadine & Tom Verdier, Paris

2007
Die Macht des Dinglichen – Skulptur heute, Georg-Kolbe-Museum, Berlin
System Error, Palazzo delle Papesse, Siena
update.07, Galerie Wolfgang Gmyrek, Düsseldorf

2006–2007
Diagnose Kunst – Die Medizin im Spiegel der zeitgenössischen Kunst, Kunstmuseum Ahlen und / and Museum im Kulturspeicher Würzburg

2005
Fraktale IV: Tod, Palast der Republik, Berlin

2004
Junge Akademie 2004, Akademie der Künste, Berlin
Departure / Arrival, Stadtgalerie Saarbrücken
Hair, The Tang Teaching Museum, Skidmore College, Saratoga Springs

2003–2004
Corporal Identity – Körpersprache, 9. Triennale für Form und Inhalte, Museum für Angewandte Kunst, Frankfurt am Main; Klingspohr-Museum, Offenbach; Museum of Arts and Design, New York
Flexible 4 – Identities, The Whitworth Art Gallery, Manchester; Nederlands Textielmuseum, Tilburg; Brandts Klædefabrik, Odense; Landesgalerie am oberösterreichischen Landesmuseum, Linz

2003
Beelden aan Zee, Bergkerk Deventer, aus der Sammlung des Museums / from the collection of the Museum Beelden aan Zee, Scheveningen

2002
Fraktale III – Faktor Transzendenz, Rohbau U-Bahnhof Reichstag, Berlin
Hicetnunc – Rassegna di Arte Contemporanea, Villa Manin, Passariano

2001
Fraktale II – Mensch baut Mensch, Pfefferberg, Berlin

2000
Von Haus zu Haus, 29. Ausstellung des Westdeutschen Künstlerbundes, Lüdenscheid

1999
Junge Akademie in der Galerie Buch, Akademie der Künste, Berlin
Grüne Neune, Westfälischer Kunstverein, Münster

Ausgewählte Publikationen
Selected Publications

Birgit Dieker. Kardio, mit Texten von / with texts by Ellen Heider und / and Hendrik Rost, Junge Kunst e.V., Wolfsburg, Galerie Volker Diehl, Berlin 2002

Birgit Dieker. garde-robe, mit einem Essay von / with an essay by Eckart Britsch, Berlin 1999

www.birgit-dieker.de

Dieser Katalog erscheint anlässlich der Ausstellungen /
This catalogue is published on the occasion of the exhibitions

Birgit Dieker, *The Big Striptease,*
Kunstverein Friedrichshafen

20. Juli – 16. September 2012
July 20 – September 16, 2012

Kunstverein Friedrichshafen
Buchhornplatz 6
88045 Friedrichshafen
Tel. 0 75 41 - 2 19 50
mail@kunstverein-friedrichshafen.de
www.kunstverein-friedrichshafen.de

Birgit Dieker, *Dura Mater,*
Stadtgalerie Saarbrücken

30. November 2012 – 3. Februar 2013
November 30, 2012 – February 3, 2013

Stadtgalerie Saarbrücken
St. Johanner Markt 24
66111 Saarbrücken
Tel. 06 81 - 9 05 49 12
stadtgalerie@saarbruecken.de
www.stadtgalerie-saarbruecken.de

Birgit Dieker,
Kunstverein Münsterland

10. März – 21. April 2013
March 10 – April 21, 2013

Kunstverein Münsterland, Coesfeld
Jakobiwall 1
48653 Coesfeld
Tel. 0 25 41 - 88 07 11
www.kunstverein-muensterland.de

Herausgeber / Editor: Kunstverein Friedrichshafen / Stadtgalerie Saarbrücken, Andrea Jahn / Kunstverein Münsterland, Jutta Meyer zu Riemsloh
Konzeption / Concept: Birgit Dieker, Maria M. Koehn
Gestaltung / Design: Maria Magdalena Koehn
Redaktion / Compilation: Christine Albrecht
Autoren / Authors: Andrea Jahn, Clemens Meyer, Jutta Meyer zu Riemsloh
Übersetzungen / Translations: Lance Andersen (S. / pp. 5–6, 11–21); Katy Derbyshire (S. / pp. 63–67)
Lektorat / Copy Editing: Distanz Verlag
Lithografie / Image Editing: JONASGOLD
Produktion / Production Management: Nicole Rankers
Gesamtherstellung / Production: optimal media GmbH, Röbel / Müritz

Fotonachweis / Photo Credits: Jürgen Baumann, S. 27, 30–47, 49–55, 62, 68–77, 80–81, 87–88, 90–93, 96–99, 104–105; Thomas Jautschus, S. 25, 84–85, 89, 95, 100; Marcus Schneider, S. 28–29, 48, 83, 88–89, 94, 100–103; feinkunst.com, S. 107; Staatliche Kunstsammlungen Dresden, Klut / Estel, S. 78–79

Vertrieb / Distribution
Gestalten, Berlin
www.gestalten.com
sales@gestalten.com

ISBN 978-3-95476-001-5
Printed in Germany

Erschienen im / Published by
DISTANZ Verlag
www.distanz.de

STADTGALERIE
SAARBRÜCKEN

Kunstverein Münsterland

Kunstverein
Friedrichshafen